God helps those who help themselves.

「神様」は
こうしてあなたを
導いている！

Nami Yoshikawa
佳川奈未

ビジネス社

光に向かう「まえがき」

神様は、いつも、どんなときも、あなたを守りたがっている！

目には見えない背後の力の真実を知るとき すべてのことが報われる

この本は、神様とはどういうものなのか、その慈愛に満ちた真の正体と、神様の尊い働きについて、いまこそ、わが子に伝えておきたい！　という、私の思いによって、書くきっかけを得たものです。

わが子に伝えたい大切なことは、もしかしたら、他のみんなにとっても大切なことなのかもしれないと、本にしてはどうかと、出版社に話したところ、「ぜひ、それを書いてください！」と言っていただき、世に出すチャンスをいただけたことで、こうして形になりました。

テーマが、大切な神様のことだからこそ、心を落ち着け、おだやかに、愛と敬意と感謝を込めて、書かせていただいております。

さて、この本は、神様が「いる」とか「いない」とか、そういうことを論じるものではありません。

「神様は、誰なのか⁉」と、特定の誰かや何かを、故意に神様に仕立て上げようというものでもありません。

また、特定の神社の祭神である神様をどうこういうものでもありません。

神様という、一人ひとりの心の中にあって、その大きな存在として生きている、目には見えないものを、どう受け止め、どうつながって生きていくといいのかをお伝えするものです。

また、日夜、私たちを守るために、大切ことを気づかせるために、幸せにするために、尊い働きをしてくださっている、その大いなる神という存在の本質を知り、より心おだやかに、幸福に、豊かに、輝いて生きるための術《すべ》を心得るためのものです。

それは、たんなる気休めではありませんし、架空の話で盛り上げようというのでもありません。ある意味、真理の探究です！

あなたが実際にこの人生の中で受けている、小さなことから大きなことまであるその恩恵の数々に気づき、それこそが「神様の守護」であり、「目には見えない世界からのサポート」であることを知り、大切にするならば、もはや、迷いも不安も消えさることでしょう。

そもそも、つねに守られているのは、あなたと天がつながっているからであり、そういう自分こそ、尊い神のわけ御霊《みたま》であり、他者もまた、神のわけ御霊であり、森羅《しんら》万象《ばんしょう》すべてに神の御霊が備わっているということです！

それらすべてが神的エネルギーの聖なるネットワークでつながっており、一緒に天のミッションを叶えているということでもあります。

自分も、他者も、動植物も、そう森羅万象すべてが大切に思えるようになると、誰とでも、どことでも、うまくつながれるようになり、そこからすべてが平和に調和し、〝運命の歯車〟は、自然に幸運側へと動きだすようになります！


さて、本書では、神の真の正体と、その尊い働きと、神様があなたの心や体や出来事に起こっている神秘的でリアルな「サイン」についても、お伝えしています。

日常の中でその「サイン」に気づき、そのつど必要な対応をするならば、天からの「サポート」と「幸運の流れ」「奇跡の恩恵」を、すんなり受け取ることができます！

また、それらとともに、これからをどう生きればいいのかを覚えたならば、いつでも救いは瞬時に現れ、すべてのことが報われるようになります！

そして、あなたはこの人生を、より幸せで、価値ある、かけがえのないものにしていけ、すべてに満たされた人になるのです！


とはいうものの、本来、幸も、不幸もなく、魂にとっての必要な経験があるだけであり、神様はその全過程を優しく見守り、本来与えられた幸せな人生へと、そっといざなっているだけです。
あなたがうれしいときは一緒によろこび、あなたが悲しいときはともに泣き、一緒にこの人生のすべてを生きているのです。

きっと、ここにあるすべての真実に、あなたは、感動することになるでしょう。
そして、神とともにある光り輝く生き方の中で、願いや夢がいくらでも叶う人生を、かんたんに顕現させていくことでしょう！

神様は、そういうあなたになる日を、あなたがこの地上に生まれ落ちたときから、望んでおられたのです！　なぜなら、神様にとって、あなたは愛しい、かけがえのない可愛いわが子だからです！

そして、神様は、あなたにいま、こう伝えています。
「わが子よ、神はどこにいるのかと、迷い、叫び、探しまわるのをやめたまえ！　我、どこにも行かず、汝の中にあり、つねに守りたもう！」と。

2021年6月

ミラクルハッピー　佳川　奈未

Chapter 1

あなたを守る神の秘密

――大いなる者の姿は目には見えない☆
しかし、その働きをつねに見せる

Chapter 2

救いと守護☆そのサポートの現れ方

——導きはあなたの心や感覚にやって来る！
注意喚起は現象に現れる！

Chapter 3 神様と、つながる人でいる♪

――なんだか楽に生きられる！ それが、天との「つながり」の証《あかし》！

Chapter 4

奇跡と恩恵に満ちる生き方

Chapter

1

あなたを守る
神の秘密

大いなる者の姿は目には見えない☆
しかし、その働きをつねに見せる

神様を探しまわることなかれ

それは、誰なのか？　何者なのか？
どこにいるのか？　と騒ぐのをやめる

ここに、ある国で昔から伝わる、作者不詳の神様に関する、とても感動的な物語をお伝えしましょう。

これは私の大好きなお話で、思うたび、ありがたくて泣けてくるほどです。そして、すべての不安や恐れが一瞬で消えるのを感じられ、ほっと安堵《あんど》し、心落ち着くものです。

あるとき、天の神様はなにやら悩んでおられました。

「どうしたものか……どうすればいいのか……」と。

そこへ天使がやってきて、こう尋《たず》ねたのです。

「神様、浮かない顔をされて、いったい、何を悩んでおられるのですか？」

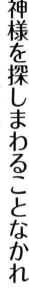

それに対して、神様はこうお答えになられました。

「いや、それが……人間一人ひとりを漏れなくすべて守り、救いたいのだけれども、いったい自分はどこにいれば、みんなをちゃんと守ってやれるのだろうか……。すぐにわかる場所にいたのでは、悪魔にもみつかってしまい、善行を邪魔されるかもしれないし、すぐには気づかれない場所にいたとしたら、人間が私を探しまわることになり、苦労するであろう……。

というわけで、いったい私はどこにいれば、人間たちをつねに守ってあげられるのかと、それを悩んでいたのだよ……」

すると、それを聞いた天使に、いいことが閃《ひらめ》きました。

「それなら、神様！　〝人間の心の中〟にお隠れになってはいかがでしょうか？

そうすれば、悪魔にみつかることも邪魔されることもなく、人間は困ったときにすぐに神様に会えます！　もう、神様がどこにいるのかと、わざわざ遠くに探しに行く必要もなくなるでしょう！」

これを聞いて、たいそう感動した神様は、笑顔でこう言ったのです。
「ほう!! それは、いい考えだ！ では、そうすることにしよう！
そうすれば、人間が私を呼んだ際にはすぐに応えることができ、悩んでいるときには、すぐにそれを察知でき、困ったときには、すぐに助けに行くことができるのだから！」

というわけで、神様は、いつも、どんなときも、すぐにその人を助け、守れるようにと、人間の心の中に、お姿をお隠しになられたのです！

しかし、たったひとつだけ、困ったことがありました。
それは、〝そのことを、人間たちが、まったく知らない！〟と、いうことです。

なんということでしょう!!

しかし、しかし、それでも、ひとつだけ、救いがありました！

それは、「心の内に、大切なものがある」と〝目覚めた人〟から、自然と〝自分の中に神様がいてくれる！〟とわかり、すんなり神様とつながれ、そのことを他者にも伝えられるようになっているからです！

神の正体とは⁉　いまこそ、それを知る！

あなたの中にあって、すべてを統合させるものこそ、神的パワー！

わかっておくべき真実、それは、神様は、あなたの中に宿っている！　ということです。

その神様の正体とは、ズバリ、あなたのすべてを生かし、動かし、他者とつなげ、かかわるすべてのものと共鳴させ、命を通してこの現実のすべてを動かすことのできる「生命力」です！

この「生命力」は、〝神様の分霊《わけみたま》〟であり、そのパワーは天という〝神様の実家〟から、あなたの中にいる神様を通して、あなたに注がれています。それゆえ、あなたは生きることができ、この地上で何者にもなれ、どんなことでもでき、確実に幸せになることができるのです！

その「生命力」は、あなたの肉体にも、精神にも、とにかくあなたの細部の隅々にまで働いていています！

あなたという人間の命を維持し、体を機能させています。臓器を、血液を、神経を、司《つかさど》っています。そして、各器官をつなげ、各所すべてを連携させ、あなたを生かしてくれているのです。また、あなたに何かを考えさせ、閃《ひらめ》かせ、感じさせ、行動させているのです。

また、その「生命力」は、あなたのすべてを生かし、すべての人、物、事、現象を同時に連動させ、統合させ、和合調和させ、あなたのために全力で、善なる方向に向かって働いています。

この、神様の正体である「生命力」は、たんにあなたの体や精神を機能させるだけでなく、素晴らしい創造力＝クリエイティブ・パワーを持っており、あなたの内側から現れ出でて、外側の現実に望む人生を築くのです！

神様という「生命力」は、つねに、あなたを通して何かを思考させ、感じさせ、観《み》させ、閃かせたりして、より幸せになるほうへとあなたをいざなっています！

なかでも、**閃くという形であなたに降ろされる〝直感〟は、生命の中にあって、天に大元を持つ、神様からの〝奇跡のいざない〟であり、聖なる〝指示〟であり、よろこばしき〝命令〟です！**

それは一瞬で、ダイレクトに、ストレートに、あなたを〝神の用意した運命のある場所〟へと導く、強力な協力者ともなるものです！

また、そもそも天から与えられている使命と役割を今世でまっとうできるよう、地上で必要な時間は、充分あなたに与えられています。

神様の働きは、何一つまちがえないパーフェクトな力であり、人間が創ることのできないすべてを創り出し、動かすことができます！

また、その神様の力は、目に見えない領域ですべてをつなげ、調和させる、神秘であり、不思議であり、リアルな現実創造力、そのものとなっています！

それは、絶対力であり、完全完璧であり、寸分の狂いもないものであり、あなたをパーフェクトに守るグレイト・パワーです！

それを「神様」と呼ぶのです！

その〝目には見えないけれども、確かに働いているエネルギー〟を！

あなたのすべてを生かし、守っているものが、「神様」であり、それは、誰だ彼だというものではなく、「生命力」という天から賦与《ふよ》された尊いエネルギーであり、その働きであり、その働きの中にある神秘であり、リアルなのです！

それゆえ、ここで誤解を解いておきたいのは、神様は、あなたが小さい頃に想像していたような髭《ひげ》の生えた仙人のようなおじいさんでもなく、特定の誰かが故意に神様に仕立て上げた人物でもないということです。

また、悪いことをしたときに罰をあてるとか、よくない生き方をしたときには、あなたを見放すようなな存在でもないということです。

神様は、そんな、人間レベルの低次元な反応は一切しません。

あなたを愛し、守り、導き、幸せにするのみで、慈愛に満ちた高い周波数の光であり、恩恵であり、感謝すべき存在、そのものです！

あなたが良いときも悪いときも、全力であなたを守り、共に生き、運命を一緒に歩んでいるのです！

あなたがどうあろうとあなたの中に居続け、あなたに寄り添い、あなたを守り通す慈愛に満ちたものであり、それだからこそ、神様なのです！

すべてのものはつながっている

運命の歯車を動かすために
あなたに必要なこととは⁉

あなたが、神様とつながり、ここから幸せな人生を育《はぐく》んでいきたいというのなら、もう、「神様は、本当にいるのだろうか？」と、疑ったり、迷ったり、「いったい、神様はどこにいるのか？」と、遠くへ探しに出かけるのをやめなくてはなりません。

ここまででお伝えした通り、神様は、あなたの中にいるからです！

また、「神様は、本当に私を守ってくれるの？」「罰をあてやしない？」「自分は見放されない？」と、怖《おそ》れることもやめてください。

神様は、怖い存在でも、怒りん坊でも、罰を与える存在でもないからです。そんな、機嫌が悪くなると、あなたにそっぽをむくような気まぐれな扱い難《がた》い存在ではありません。

「神様」は、いつも上機嫌です！

あなたの、はつらつとした生命力であり、ハッピーな躍動であり、素晴らしくユニークな創造力であり、あなたの中の、愛、慈悲、光です！　希望や感謝によって、かんたんに現れ出ることができる、あたたかく、優しく、崇高な存在です。

そんな、自分の中の神様を認めるとき、内側から、たくましい力強さが現れるものです。と、同時に、不安や心配の暗黒の靄《もや》は、一瞬で消え去り、気持ちは晴れ、心に明るい陽が射し、平和でおだやかな日常を叶えられるようになります！

そのとき、自分とも他者ともうまくつながれ、環境や状況にうまく対応し、調和するのも、かんたんになります。

内なる上機嫌な神様の守護を信じるとき、あなたは、大きく安堵し、安心し、それゆえ、よろこばしく、大胆に、自由に、生きることができるのです。

そして、信じる度合いに応じていくらでも、スムーズに、信じたものを受け取らせてくれるものです♪

さて、**神様は、あなたの中にいるわけですが、他の人たちすべての中にもいます！**
また、人間以外の生きとし生けるすべてのもの、森羅万象《しんらばんしょう》に宿っています！

草木や花や動物や虫にも生命があり、神様の力が宿っているわけです。山にも、川にも、月にも、太陽にも、とにかく、森羅万象すべてが、ある意味、神様そのものなのです！

神社にも神様はいらして、お札《ふだ》にも、神様の気が宿っています。それぞれの神社の御祭神には、特有のエネルギーがあり、こちらがその神様を慕う・尊ぶ・愛する・感謝するというあり方によって、大きなご加護をくださるものです。

こういったことを理解していないと、人は、神様をちゃんと心から思うことができず、自分を心から思うことができず、大切にすることができません。
するとと、他者を大切にすることもできませんし、その他の生き物や自然を大切にすることもできません。

神様という「生命」の根源はひとつですが、すべてのものは誕生の際に、天から違う性質のエネルギーをもらい、わかれただけです。出どころは同じであるからこそ、本来、すべてが愛しく、慈しむにふさわしいものであり、大切にして然るべきなのです。

そして、わかっておきたいことは、自分と自分以外のすべてはひとつにつながっており、協力して、調和して、なんらかの運命の歯車をまわしており、どんな些細なもののひとつ欠けても、その運命の歯車はうまくまわらない！　ということです。そして、そのすべてがあなたの人生にも他者の人生にも、影響しているのだということです。

自分と他の存在とのつながりがあって、運命の歯車は動けるようになっているのです。自分ひとりが単独で、独立したまま、くるくるまわったところで、何も起こせやしません。

この人生の、壮大な運命を動かすには、自分も小さな歯車のひとつとなって、他と調和しながら、うまくつながっていなくてはならなかったのです！

その、運命の歯車を動かす最初のきっかけになるものこそ、あなたの誕生であり、生命であり、創造性であるわけです。

すなわち、それは、今世、あなたが何を思い、何を感じ、何をするのかに、かかっているということです！

大いなる人生の秘密

あなたに告知される必要があった真実は、
シンプルでパワフル！

そもそも、あなたが今世、生まれてきたということ自体、天に望まれていたことであり、神に愛されている証拠であり、あなた自身この地上で尊い使命と役割がある証拠です！

そんなあなたには、今世において、生きて然るべき運命があり、得て然るべき幸せがあり、叶えて然るべき夢があり、出逢って然るべき人々があり、手にして然るべき有形・無形の素晴らしい宝物があります。

また、そのすべては、あなたの中に最初から宿っている神様という生命力であり、創造性である、尊いクリエイティブ・パワーを通して、もたらされるようになっています！

また、そこには、すべてを統合させ、調和させ、成功させる、完璧なる天の力添えがあり、それゆえ、すべてはうまくいくようになっています。

神様には、知性、情報、叡智《えいち》があり、愛と慈悲が、善と完璧さがあります！

その、自分の中に宿る神様の働きを、その尊いエネルギーを、良い形でみかたにつけることができれば、あなたは素晴らしい人生を、思う存分、この地上に顕現させることができるのです！

あなたが、自分の中の神様という生命力に大いなる躍動を与え、良い想像によってこの創造性を大きく発揮し、良い感情エネルギーで流れをスムーズにすることができれば、望むどんな運命をも叶えることができるようになっています！

そのために、必要なことは、自分にとって良いこと、うれしいこと、よろこばしいこと、楽しいこと、幸せなこと、価値あること、感動することを思い、良質のエネルギーで自分を満たすことです。また、いつも、できるだけ、さわやかで、軽やかで、快適で、安心していることです！

そうせずにして、いったい、どうやって、自分の中の神という生命力に、こちらから躍動のための良い刺激を与えられましょう！

〝神の意図〟は、こうして現れる！

本当の「運命の主」はあなたなのか、神なのか!?　その真相をみる

あなたのために働く神様であり、生命力という目に見えないけれども、動いてやまない偉大なるエネルギーは、あなたの中にあって、あなたからすべてを生み出し、創造する、とてつもなく素晴らしい力を持っています！

その創造力というクリエイティブ・パワーは、あなたの「ポジティブな思考」と「うれしい想像」と「良い感情」を通して、あなたをその気にさせます。そして、「そうする」という納得と許可と、「そうなる♪」という確信を通して、あなたを突き動かし、必要な行動をとらせ、内にあるものを外側において形にするのです。これこそがまさに、あなたを通して起こる〝神の意図〟の顕現なのです！

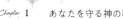

あなたの中には、「人的作用である顕在意識」(自分で何を考えているかわかる意識)と「神的作用である潜在意識」(自分でも気づいていない無意識の領域にある意識)があり、それが、人間レベルのことと、宇宙レベルのものを結びつけ、天に与えられた役割通りの運命を創り出していくのです!

さて、たとえば、あなたが何かを叶えたいと思うのは、それがこの世において叶えていいことだからです。あなたは、それを思うとうれしく、それゆえ、そこから何か新しい運命が花開くことを感じるから、叶えたくなるわけです。

その、あなたの願いや夢こそ、神様があなたを通してこの地上で表現したいものであり、体験したいものであり、望んでいるものでもあるのです!

ある人は、作家になりたいと思うのに、ある人はサッカー選手になりたいと思い、また、ある人は家庭の主婦になりたいということがあります。

抱く願いや夢が人によってそれぞれ違うのは、天から預かってきた使命や役割が、それぞれ違うからです!

その天から授かってきた、使命や役割をうまくこの地上で果たすために、神様は、あなたが自由に何かを考え、自由に感じ、自由に動けるようにしてくれているのです。そして、人間各自にそれにふさわしい個性と魅力と能力と才能と、それを通して活躍できるポジションを与えておられるのです！

そして、**人間各自は成長の段階のある時点において、必然的に叶えたいことや、すべきことに目覚め、そこに向かうようになっています！　また、それを取り違えることはなく、みつけ損なうことなく、ちゃんとつかめるようになっています。**

というのも、それは、自己の内側より感じ出でたるものだからです！　そのとき、気づけないということはなく、むしろ、無視するほうが大変なくらいです。

天は、この地上であなたがなすべきこと、生きるにふさわしいものを、最初からすべて内蔵させ、持たせ、この地上に降ろしたのです。

それなのに、あなたが、その内なる宝物に気づかず、最初から与えられている心の自由性を生かさず、おかしな理屈で抑えつけ、制限しようとするところに、問題が発生し、生きづらくなっていくわけです。

そのとき、〝神の意図〟も行き場を失くし、困ることになります。

いつでも「運命の主」は、あなたであり、神であり、それゆえ、両者、つまり、あなたと神、あなたの顕在意識と潜在意識が葛藤《かっとう》せず、内部で素直につながることが大切なのです。そうすれば、あなたの意図は〝神の意図〟となり、この地上にすんなり、よろこばしく、姿形を現すことができるからです！

本来、すべてはスムーズ！

サラサラ流れなければ大問題!?
いったい、何があなたを止めるのか

わかっておきたいことは、本来、すべては、楽に、スムーズに流れていなくてはならないということです。あなたの心も、思考も、感情も、運気も！

なぜなら、スイスイ流れるスムーズさこそ、生命力という神様の働きの特徴でもあるからです！〝円滑現象〟こそが、あなたと神の一体化であり、天のサポートの現れそのものだからです！

本来、血液も、リンパ液も、気も、あなたの中の内臓の働きも、各器官の働きも、あなたの中で流れるようにスムーズに機能しているものです。また、そうでなくてはなりません。

というのも、もし、そういったものが〝スムーズさ〟を拒否したり、何か止めたとしたら、どうなるでしょうか？

そのときは、生命に問題が生じるでしょう。

たとえば、あなたの思考や感情や行動が、サラサラ流れていないというとき、それでもあなたは、そんなことくらいでは、なんら自分の生命の危機を感じないものです。「ああ、自分は積極的ではないなぁ。前に進めないなんて」という程度の考えで、かたをつけてしまうだけでしょう。

しかし、自分らしく自由に考えたり、感じたり、行動したりが、できなくなるところに、エネルギーの停滞やひずみが生じ、あなたの中の神様の力がうまく発揮できなくなり、あなたは、思うように進めない、重たい、辛い、問題や障害を抱えた人生を生きることになってしまうわけです。

あなたが、あなたの中の神様の力を、ここから存分に発揮し、望む人生を、幸せな運命を、ちゃんと生きたいというのなら、自分を愛し、受け入れ、自由に思考させ、感じさせ、夢みさせ、素直に、まっすぐに、行動させることが、大切なのだとわかっておくことです！

実際、そうしたとき、あなたはもっと大切なことがわかります！
それは、「なんと、私はイキイキしていることか♪」と。その、清々しく、雄大な気分と高揚感を！
それこそが、あなたの中の神様である生命力がイキイキしている証拠であり、あなたの中の神様が「それでいいよ！」と、あなたを応援している証拠！

イキイキするとき、あなたの中の、そのとき、神様の持つ、創造力＝クリエイティブ・パワーが、いよいよ大きく発揮され、あなたは望むどんな状態も、自らの内側から、外側に、創り出せる〝運命の主！〟となるのです！

ちなみに、あなたがくよくよ、めそめそしたり、あれこれ不安を抱えて、前に進むことを怖れたりすると、すぐにあなたの中のエネルギーの流れは止まり、運気も停滞しがちなものです。

それゆえ、イキイキ、わくわく、ルンルンで、エネルギーの流れをスムーズにし、天のサポートの「円滑現象」をめいっぱい受け取りたいもの♪

願う人生のために、あなたがすべきこと

そこにある気持ちや感覚はどんなもの？
本当に叶ってもいいですか？

あなたが素敵な願いや夢を叶えたいと望むとき、それも神様の望みなのだとしたら、叶えることを、もう、何も遠慮する必要はありません。
しかし、望む人生を現実のものにするためには、あなたにもそれなりに生きてもらわなくてはなりません。

そのために、あなたがすべき大切なことは、ただ、ひとつ！
「幸せになることを大前提として生きる」ということです！

その大前提なくして、神のサポートはありえません。神様は、あなたに幸せになってもらいたいからです。

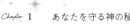

あなたが、それを叶えることで、自分自身幸せになれるし、まわりもよろこんでくれるし、神様も祝福してくれるというものを、願い、夢みるならば、成就するのは、もはや、自然現象となります!

まちがっても、自分さえよければまわりなどどうなってもいい! とか、誰かを傷つけてまでも叶えたい! というような、そんな願いをよしとしないことです。

あなたが何かを叶えたいと、願い、夢みるとき、そこには、あなたにとってなにかしら、得たいものや、味わいたい気持ちや、素敵な理想の状態が、あるはずです。

それを得るために、あなたは本能的に、それを叶えたいと願い、夢みるわけです。が、そのとき、その叶えたいことが本当に自分にとって、良いものなのか、価値あるものなのか、安堵するものなのかを、感じとる、自覚する、そういう人であってほしいのです。叶ったとしたら、その世界をリアルに生きることができるのか、本当に満足できるのか、〝幸せなのか〟と。

たとえば、イケメンの憧れの人と結婚したいと夢みたところで、リアルな生活では、本当は緊張し、気を使うだけで、とてもではないけれど恥ずかしくてノーメイク顔を見せられない、いびきをかいて寝そうだから一緒のお布団に入れないし、「あぁ、だからやっぱり無理!!」なんてこともあるかもしれません。

もし、「本当に、心からの満足や幸せや安堵は、そこにはないのかもしれない」というものが、チラッとでもあるとしたら、きっと、あなたはその願いや夢に、素直に、積極的に、向かっていけないことでしょう。

そのとき、あなたの中の神様も、サポートすることができないでしょう。あなたが心のどこかで不安や心配を抱いているものや、少しでも躊躇《ちゅうちょ》するものや、チラッとでも「違うかも」と感じていることに、神様も協力するわけにはいかないからです。あなたが幸せになれないのなら、神様も、「待った!」をかけるしかないのです。

本当にはあなたのためにならないものになど、神様は加担しません。それはケチなのではなく〝愛ゆえに!〟です!

その夢に、神は協力するか・手を引くか

背後の智慧《ちえ》には〝決め手〟がある☆サポートがもらえない理由

自分の叶えたい願いや夢が、ハッピーな気持ちからくるものなのか、はたまた、不安や恐怖からくるものかを、あなたはしっかりみておく必要があります。

そのどちらであるかによって、あなたがとる行動や、得る結果が違ったものになってしまうし、神様も協力するか、手を引くか、決めることになるからです！

たとえば、わが子が「なんとしても明日までに1万円ほしい！」と願っていたとします。それは、素敵なことのためではなく、不良グループに恐喝されて、しかたなしに恐怖心から、そのとき、それを叶えようと親に対して「1万円くれ！」と求めたとしても、「ダメよ、そんな願いは、聞けないわ」と拒否されることでしょう。

叶えるわけにはいきません。恐怖からは何も通りません。背後の正しい智慧がある

からです。

もし、一度でもそんな不安と恐怖がベースの願いを叶えてやろうものなら、きっと、その子は、次は、もっと大きな不安と恐怖に追いやられて、「しかたなしでもそれを叶えるしかない！」などと、まちがった道に進んでしまうことになるでしょう。

けれども、わが子が「どうしてもほしい洋服があって、それを着られると、うれしいんだけど♪」と言うのなら、「いいわよ、一緒にお店に行きましょう！　買ってあげるよ♪」と、叶えてやれるものです。親は子どもによろこんでもらいたいし、自分もそのよろこぶ顔が見たいからです。

いつでも、神様がよろこんでサポートしてくれる願いや、夢というのは、あなたが、よろこばしく、好きなように自由に、のびのびと、子どものように無邪気な気持ちで、ハッピーベース（よろこびがベース）になっているものです！　あなたが本当に心から幸せでいられるものです！

そのよろこばしさや、楽しさこそ、「それは叶うよ♪」という、あなたの中の神様からのサインであり、神様がサポートし、叶う運命となるものです！

さて、神様は、無責任にあなたを躍らせて、願いや夢をみさせているのではありません。夢みさせる限り、結果を与えられることがわかっており、その結果までの導きをちゃんとしてくれるものです！

そのことが叶うことによって、良い人生が花開き、あなた自身もまわりも幸せになれるとわかっていることを、願い、夢みさせるということです！

そして、神様はあなたの、叶えたいことが叶えられるまでの全過程を知っており、すべてを動かせ、結果へとみごとにたどり着かせることができます！　しかし、それは、あなたのよろこばしい気持ちの協力があってこそ、できること！

叶えたいことのベースになっているものは何なのかということが、願いや夢にとっては、とても大切なのです！

それゆえ、不安や怖れをベースにした願いや夢を持たないようにしたいもの。

どのみち、発端《ほったん》がまちがっていたならば、その流れも結果もまちがったものとなり、叶えたところで虚《むな》しく、悲しく、みじめで、「こんなはずではなかった！」となり、本当にはあなたを幸せにしないものです。

とはいうものの、なにも、それは、神があなたを見放したということではありません。「わからせた」ということです。本当に叶って幸せなものを願わなければ、意味がないということを！

いまこそ、創造しなさい

叶えるためにやるのは、シンプルなこと☆
神に動いてもらうために！

神様は、あなたの中にある生命力であり、クリエイティブ・パワーに満ちています！
無から有を生ずる働きがあり、信じるほどに、その尊いパワーを発揮してくれます！
それゆえ、望むものを叶えたいなら、〝それは叶えられて然るべきである〟と軽く確信し、楽しく、よろこばしく、素直に、夢みるだけでいいのです♪
それだけで日常に何かが起こり始めます！

さて、望みを叶えたいとき、あなたは、神様に「どうか、○○してください!!」と懇願したり、「○○が△△になりますように!!」などと祈る必要もありません。

むしろ、そんな、他力本願的になっていてはいけないのです。というのも、叶えるのは、あなたの中の神様という創造力＝クリエイティブ・パワーだからです！

あなたは、ただ、「神様、私は、○○を叶えます。そのために動きますので、よろしくお願いいたします」「神様、私はこの夢を絶対に叶えますので、みていてくださいね」と、誓うだけでいいのです。そう、明るく、爽やかに！

それだけで、無から有を生ずるパワーが発揮され、自然に、それが叶えられる流れになっていきます！

ちなみに、神様に誓うとき、あなたは、自分自身にも、神様の大元の天にも誓ったことになり、それは聞き届けられ、然るべきときを経て、現実に叶えられることになるわけです！

神様がそれを叶えるのは、あなたを通して神様もそれを叶えたいからです！

神様は自分の創造的エネルギーをあなたを通して使うのが大好きなのです！

あなたの思いが起こってくるところは、どこなのかというと、それはいつでも、あなたの心の奥底深いところであり、魂であり、生命の源からなわけです。
それゆえ、その願いや夢は、あなたのものであって、神様のものでもあるので、叶えられることになっているのです！

ちなみに、心からの思いではなく、頭の理屈がうるさく言う、「こういうことを叶えると、得だし、有利だわ」というような願いは、なにか、どこか、あなたの道を踏み外させるものです。たとえば、「このお見合い相手はあまり好きではないけれど、結婚したら、お金持ちになれるはず！」とか、「この会社に入っておけば、世間の人から、すごい！　と言ってもらえるから入りたい」とか。

肝心なものは、いつも、心の奥深いところから、湧き上がるように起こってきます！
そこに神の意図があり、あなたの叶えられる願いや夢があり、天の用意した〝幸運な人生〟があり、そうなることが約束されているのです！　あなたにとっての正しい運命のルートで心からの幸せが約束されるのです！

〝運命の歯車〟を動かす！

〝運命〟は動かしやすい⁉
ごくごく自然に思いを叶える

それがどんなにささいなことであれ、大きなことであれ、あなたの人生にまつわることは、あなた自身にかかっているとわかってください。

「えっ⁉　私の中の神様がぜんぶやってくれるのではないの？」などと、寝ぼけたことを言わないでくださいよ。

確かに、あなたのすべてを守り、導き、望む結果をも与えてくださるのが神様です。しかし、それは、あなたの思考や感情や行動から生まれるエネルギーがあってこそ、成り立つものです。

神様があなたのすべてを叶えるのは〝あなたを通して〟だからです！

あなたを通して、心の中にあるすべてが、この現実に現れることができるのです！　それを、決して、忘れてはいけません。

とにかく、神はあなたのすべてを聴き、すべてをみて、すべてに応えます。が、それは、あなたが先であり、ある意味、同時であるということです。

「あなたが動くと天も動き、まわりも動き、変化が現れ、出来事が起こり、この人生が目的の方向に動き出す！」のです！

あなたという人こそ、運命の歯車を動かす〝最初のきっかけ〟であり、動かせる張本人でもある！　わけです。

それゆえ、これを知った限り、もう他の誰かの手に、これ以上、あなたの運命を預けてはいけません。

自分の人生はどうなるのかとまわりに聞き歩く必要もないし、他人の意見にふりまわされる必要もありません。また、信心もしていないのに、ご利益があると聞いた神社に、必死におがみに行く必要もありません。

覚えておきたい重要なことは、いつでも、〝運命の歯車〟は、あなたの中心（内側の核となるところ、魂）から、動き出すということです！

それゆえ、あなたがこの人生や、自分の運命をより良く変えたいというときには、いつでも、自分の中心に向かい、そこから、何かを決定することです。

むしろ、外野の声をシャットアウトし、ひとり静かにならなくてはならないのです。

ちなみに、お釈迦《しゃか》さまも、悟りをひらくとき、人里離れた山の中に身を置かれたのも、そのためです。ひとりの静けさの中でこそ、神のささやきが訪れるのです！

あなたが、自己の中心に向かい、静けさの中で、なにかを思い、心で決めるとき、神はそれを聞き逃すことなく、受けとめます。

そのとき、あなたの中に神のささやきともなる声が聞こえてきて、大切な何かが明瞭にわかるのです！　そして、あなたは、何かに目覚め、突き動かされ、適切なときに、適切な場所で、適切な言動をとり、神様とともにごく自然に運命の歯車を動かし、すべての思いを現実的に形にしていくことになるのです！

Chapter

2

救いと守護☆
そのサポートの現れ方

導きはあなたの心や感覚にやって来る！
注意喚起は現象に現れる！

神はすべてを知り給う

言うまでもなく、聞き届けられているからこそ、
ありのまま進みなさい

神様は、あなたの中で休むことなく働き続けている生命力であり、創造力＝クリエイティブ・パワーです。あなたと神様は、一心同体、いやまさに〝一神同体〟であり、それゆえ、あなたの願いは、本来自然に叶えられて然るべきものであり、あなたの望みは、〝神の望み〟でもあります。

しかし、わかっておきたいことは、〝だからといって〟、神様は、あなたの要求に応えさせるための存在ではないということです。いちいち何かを「ああしてください！」「こうしてください！」とガンガンにオーダーをかけて然るべき存在でもありません。

神様は、なんでも屋でもないし、あなたのわがままに応える相手でもないのです。けれども、あなたのすべてを知り給い、すべてを守り、導き、あなたの望む人生な

ら惜しみなく与えてくれる慈愛に満ちた存在です！

本当は、いちいち何かをあなたがオーダーしなくても、心で何かを思い、それによろこばしくフォーカスし、興味深く、楽しんで動くならば、それはそのまま天への「種蒔き」となり、地上において「自然発芽」し、「花を咲かせる♪」ようになっています！

それゆえ、あなたは、自分の中にある願いや夢、望む幸せを、そっと大切に育み、必要な肥料を与えるだけでよかったのです。

その肥料とは、ときには、良い本を読むことかもしれないし、信頼できる素晴らしい人の話や体験談を聞くことかもしれないし、セミナーや講座に行くことかもしれないし、自分の能力を磨き高める趣味や習い事かもしれないし、何かにトライすることかもしれません。また、ときにはどこかに出かけて、新たな発見や刺激で心を豊かにすることかもしれません。

本来、神はあなたの中にあり、あなたとつねにつながっており、それゆえ、すべてを知り給う存在であり、あなたがふつうにあなたらしく考え、行動するだけで、あなたが何を目指しているのか、どこに行きたがっているのか、どんな人と出逢いたがっているのか、何を成し遂げようとしているのか、それによってどんな気持ちや暮らしを望んでいるのか、どんな影響をまわりに与えることになるのか、どういう幸せを叶え、どんなエネルギーを地球に放つことになるのかを、あなたが何かを望む前からすべて知っており、感動的な結果までも用意してくれています！

そして、そのすべてを見守り、サポートできるわけです。

そのとき、あなたが、「これはうまくいくのか、いかないのか」を知らなかったとしても、心のままに、ただ、前に進むだけでいいのです！

というのも、**もし、あなたの何かがズレたり、まちがっていたりしたら、そのつど、神様のほうで、あなたに気づきのサインを出し、警告を発し、お知らせしてくれ、あなたを正しい道に乗せるための、「自動軌道修正」をしてくれるからです！**

それゆえあなたはつねに、自然体でいいのです！

ありのままのあなたでいて、ふつうに何かを思い、ふつうに何かをし、ふつうに生きているだけで、すべては本来自然に整えられていき、幸せになり、叶うべきものは叶うようになっていくのです！

そう、天によってあなたに内蔵された神様と、あなた自身のすべてを通して！

あなたは、もう、何ひとつ、操作する必要もないし、誰かをコントロールする必要もないし、故意に何かを仕組んでみたり、出来事をあれこれいじくりまわす必要もないのです。何かを必死に求めたり、避けたりする必要も、ありません。

いや、そのほうが、あなたの秘めたる思いや、素敵な願いや、夢みる数々は、すんなり叶えられるようになっており、どのみちあなたは、幸せにしかならないようになっているのです！

神様があなたの中にいる限り、むしろ、幸せにしかなれず、不幸になるのは、難しいくらいです！　願いや夢も、叶わないほうが、難しいくらいです！

それでも、もし、あなたが、「毎日、不幸な気分になっている」「いまだに何も叶わない！」と叫びたくなるとしたら、あなたが自分の中の神様とのつながりを拒否しているからかもしれません。

さて、もし、あなたの何かがズレたり、まちがっていたりした場合、そのつど、神様のほうで、気づきのサインを出し、警告を発し、必要なお知らせをくれ、あなたを正しい道に乗せるための「自動軌道修正」をしてくれるわけですが、それはいったい、どのようになされるのでしょうか？

その肝心なところを、次の項より、詳しくお伝えしましょう！

神様は、こうしてあなたを導く！

あなたのまちがいは、つねに自動軌道修正される☆その方法とは？

あなたがなんらかの願いや夢を叶えることや、進むべき正しい道に進むことや、本来与えられている幸せな人生を送ることを、神様は完璧なる力によって、いつでも惜しみなく全力で、パーフェクトに、サポートしてくれます。

そうすることによって、今世生まれてきた、使命や役割をきちんとまっとうできるよう配慮してくれ、ときには、すべてをお膳立てしてくれ、あなた自身やあなたの人生のすべてを守ってくれるのです！

そのときあなたが、その途中経過で、なにかどこかがズレた、まちがった言動や対応や行動をしたり、見当外れな道に進んだり、しなくていいことをしようとしたり、むしろ、もっとよくない展開になるのにそれに気づかずそちらに向かおうとしていたりするのを、神様がわかったときには、神様は、あなたがそのまちがった状態のまま進むのを、しっかり止めてくれます。

あなたがそれをわかるよう、気づきのサインを出し、警告を発し、必要なお知らせをくれるわけです！

その、**まちがったまま進むあなたを止めるためのお知らせの「サイン」は、まず、あなたの心の中になんらかの言葉や感覚やメッセージとして、やってきます。**

その次に、現象や出来事を通して、気になる状態を送り込んできてくれるわけです。最初は小さく、だんだん大きく！　というように。

まず、〝神様があなたを止めているときのサイン〟を受け取ると、あなたにはなんらかの生体反応が起こります。たとえば、そのとき、心がもやもやしたり、どうもスッキリしなかったり、なんとなく心が晴れなかったりして、落ち着きません。

また、原因はわからないけれども、何かどこかやっていることや進んでいる方向性やかかわる人たちに対して、抵抗感や違和感を覚えたり、何かがおかしいと思ったりします。くびをかしげることがあったり、どうも顔が曇ることばかりあったりするわけです。

ときには、鏡を見て、「ああ、私はこのことにかかわってから、ずっと笑顔が消えている気がする」と、感じたりするものです。

そのせいで、夜もぐっすり眠れないし、日中、すべきことや、もっと大切なこととして他にあることが、まったく手につかなくなったりします。そう、ひとときも「安心できない」わけです。

また、「これではないのかもしれない」「こっちではないんだなぁ」「違う！」と突然、何かをそう感じたり、迷いはじめたりします。進もうとする物事に対して、突然、抵抗し、躊躇する自分がいたりします。そして、ハタと何かに気づき、「ちょっと待て！」という声が聞こえてきたりします。

それゆえ、どうもそれ以上は前に進めないし、それ以上前に進む気がしなくなるのです。そして、それでいいのです！　というのも、そうなるのは、神様が出したあなたを止めるサインを、あなたがちゃんと受け取ったという証拠だからです！

にもかかわらず、もし、それ以上前に進もうとすると、やたらとおかしなことが起こったり、二度手間になることがあったり、面倒なことが起こったり、問題やトラブルが発生したりして、気持ち悪さを覚えたり、いやな流れになるものです。

そうして、やがて、物事が行き詰まり、完全にあなたは動きがとれなくなり、そこで止まります！　けれども、それで、いいのです！

それは、神様が「あなたの進む方向や、取るべき態度はまちがっている！」「それではないよ！」「そっちではない」「やめておけ」「それ以上進むと、かえって、よくない結果になる！」「あなたの幸せとはかけ離れている道に行っているよ」「他にもっと良いものを用意しているから！」と結果を先に知っているがゆえに、あなたを止めてくれている現象だからです。

何かが止められることで、あなたは確実に守られることになるわけです！　まちがったまま進むのを〝正しく止めてもらえる〟からこそ、それ以上、ダメージや損失や被害を受けなくて済むのであり、これほど素晴らしい守護はないのです！

しかし、この世の中の多くの人は、止められること＝悪いこと、ゲンがよくない、ツイていないこと、だと思い、ネガティブに受け取っているものです。

しかし、そうではなかったのです!!

神様は、あなたを正しい道に進ませることしか考えていないからこそ、違うものは、止めてくれるということなのです！　まちがった方向に進むのを止めてくれるのは神様の愛です！　慈悲です！　それしかありません！　どうかその神様の優しさを理解してください。

たとえば、それは、悪い不良グループにずるずるひっぱられて、おかしなことをしようとしているあなたを必死で止める親心と同じです。

あなたの幸せを思えばこそ、あなたの尊さを思えばこそ、あなたの在るべき幸せを思えばこそ、です！

しかし、それが正しいことであることを、人は後からしかわかりません。

〝真理〟が見えていないときは、理解ができないものです。

けれども、止められているのに強行突破したことで一度でも痛い目にあったり、それを反省した人や、最初から内なる心の声を大切にしている人や、直感的な人、心が開かれた人、心眼のある人は、この世の真理というか、現象の意味するものを、くみ取れるようになってくるわけです。

とにかく、何も無理じいしないことです。もし、何かを止められたとしたら、そのとき、その場面で、素直に止まることです。そうすれば、自分の身を、状況を、人生を、ちゃんとそのつど守ることができるからです！

神様も、そのとき、ほっとすることでしょう。あなたに「通じた‼」と。
もし、赤信号で道を止められているのに、強行突破したとしたら、どうなるでしょうか？
いいですか！　赤信号で止まるから、事故が起きないで済むわけです。赤信号は悪いものではなく、その場を整え、あとをスムーズに進ませるためにあるもの！

しかも、神様はいきなり赤信号を出してくるわけではなく、黄色の点滅という、内なる感覚（つまり、抵抗感や違和感、なんとなくいやな感じなど）を通してあなたに警告を発して、あなたを止めるための時間的、状況的、余裕をくれます！　そして、あなたは青信号で進めばいいだけなのです。

進んでいいときは、スイスイスムーズな流れを通して、神様はその信号＝サインを出してくれるのですから！

であるにもかかわらず、こういうことをわかっていない人は、止められているのを神様のサポートだとは知らず、さらに「我」を出し、無理強いしたり、故意に人や状況を操作して、それを強行突破しようとするから、すべてが悪化するわけです。

神様があなたにサインを出し、止まるように忠告してくれているのに、あなたがエゴまる出しで強行突破したとしたら、もう、どうしようもありません。

内なる感覚がなんのためにあるのかというと、〝神様と交信するためにある〟のですからねぇ〜。

しかし、それでも最後まで責任を持ってあなたを守りたい神様は、まちがっているものは、止め続けます！

やがてあなたは、まちがった方向に進んでいることがわからなくとも、進むにつれ、いやなことが度重なるようになり、もっと辛い気持ちになり、より厳しい状態になり、そこで初めて、「もう、いい」と、まちがった道から去ることができるわけです。

しかし、そんな遠まわりや時間的ロスやダメージを、あなたに与えたくないからこそ、神様はあなたの中で処理できる程度のことで、ナチュラルに自動軌道修正しようとしてくれていたのです！

それは、ささやくようにやってくる

小さな声だからこそ、心の耳をすませる☆兆しをとらえなさい！

あなたの中の神様と正しく交信したいというのなら、絶対に覚えておいてほしいことがあります。

それは、**「神様の声は、ささやくようにやってくる」ということです！**

あなたの中の神様は、つねに冷静沈着でいて、誠実で、優しいものです。あなたを守るのは、つねのことであり、特別なときにだけわざとらしく大きな声で何かを叫んで教えるということは、ありません。

また、守護霊さまや、指導霊さまなど、高次元のエネルギー体も同じで、それらは、おかしな声を張り上げたり、異様な体の揺れや振動などを起こしたりしません。

神様からのものは、もっと誠実でいて、優しく、あたたかく、安定しています。

ささやくように、耳元でそっと何かを告げるように、静かに、冷静さをもって、で～んと構えた偉大さで、それが大切なことであると本能的にこちらが感じられるようなムードを持って、あなたに小さく何かをささやき、大切なことを教えてくれるのです！

もちろん、とっさのときや、緊急を要するときには「違う！」「危ない！」「逃げろ！」と言ってくれることもありますが、その際も、叫ぶという感じではなく、小さな確信的な声でやってくることが多いものです。

さて、こういうことをお伝えすると、なかには、「私は神様の声を聞いたことがないから、そんな声が自分の中にやってきたとしても、それが神様の声なのかどうか、わからないわ」と、不安になる人もいることでしょう。が、ご心配なく。

というのも、〝神様の声〟は、〝あなたの声〟として、あなたの中にやってくるものだから、それをわかっておけばいいだけです！

いつでも、それは、あなたの声（自分の声）よりワントーン低い、落ち着きはらったものであり、自分の声なんだけれども神聖なるものであり、それゆえ、あなたはその声の信憑性《しんぴょうせい》を本能的に感じ、従えるということなのです。

〝最初の兆候〟を、見逃さない

守られたいなら、
〝物事の最初の段階〟の中にあるムードをよくみよ！

あなたの中の神様は、あなたがまちがった方向や違う道、見当はずれなものをつかもうとしたときには、止めてくれるということを、前項ではお伝えしました。

そのとき、なかには、「止めてくれるのはわかったわ。ありがたいことよね。でも、それなら、それをやる前に、教えてくれたら、無駄なことをしなくてすんだのに！」などと、思う人もいることでしょう。

実は、実際、神様はあなたがそれをする前に、それがあなたにとって良い結果になるのかどうかをすでに知っており、最初の段階で、サインやメッセージをあなたに送ってきてくれていたのです！

しかし、あなたが、それに気づいていなかっただけです。いや、気づいていたのに、「まぁいいか」とやり過ごしたり、「そんなことないよね」と打ち消したり、「気にしないでおこう」と無視してきただけです。

やってきた神様からの魂的メッセージを、あなたの頭の理屈と、すり替えた瞬間があったわけです！

いいですか！　あなたのやることなすこと、すべてのことを、この人生で、しっかり、もれなく、神様に守られるようにしたい！　というのなら、あなたが下す決断や、かかわる物事や関係する人たち、やろうとしていることや進もうとする道において、〝最初の兆候〟（物事の最初の段階の中にあるムードや気配）をよく観ることです！

必ず、そこに、その時点で、知るべき重要なことがあり、その通りになります！

たとえば、あなたが何かの契約をしようとしているのだとします。そのとき、契約しようと用紙にサインしかけたときに、「ああ、これを契約したら、家計が大変になるかもなぁ」「この会社、ちょっと胡散臭いかもしれないなぁ」「この担当者、ちゃんとやってくれるのかなぁ、頼りないなぁ」などと、何かふと気になることや、引っかかることがあったとします。

また、身体的にも、契約書を前にしたとき、うれしさよりも強い緊張があったり、汗が吹き出てきたりして、契約する不安が大きくなったかもしれません。

にもかかわらず、それを「まぁ、いいか」「私の考え過ぎかも」「ええい、このままいっちゃえ」などとやってしまうことで、案の定、気になっていたことが現実的に支障になってくるということがあるわけです。

契約前に神様はあなたの心の中や身体的なものに、サインやメッセージをくれていたのです。それは、決して、あなたに〝わからない〟というものではなく、〝ちゃんとわかるように〟やって来るわけですが、それをどう取り扱うのかが、あなたにかかっているわけです。

また、そのサインやメッセージというのは、なにも大きな契約をする際だけに来るのではなく、日常の中の小さな物事の中にも現れています。

どんな些細《ささい》なことの中にも神様はいて、なんでも教えてくれます！

そう、たとえば、「いつもはこの道を通るのに、なんだか今日は他の道を通りたい」と、その心の中にやってきたものの通りにしたことで、何かしらの事件や事故に巻き込まれずにすんだり、偶然にも、ずっと前から会いたいと気になっていた人にバッタリ会えたりするわけです！

また、こんなこともあるものです。あなたがスーパーでタマネギを買おうとしていたとき、なんとなく、手に取ったタマネギがいやで、陳列棚に戻したい気になります。が、それでも、急いでいるので、「まぁいいか」と手に持ったそのタマネギをそのまま買って帰ると、その中のひとつが腐っていたりするのです。

そして、家に帰ってあなたは、「ああ、あのとき、他のタマネギをつかみたい気持ちになったのに、なんとなく一番上にあったこれを選んでしまったからだわ。一瞬、他のものにしようと思ったのに、どうしてこれを買ったのかしら」と後悔するし、損することになるわけです。

神様の声は、つねにあなたの中にもたらされ、つねに気づくべきメッセージやサインが投げかけられています。しかも、それは、ごくナチュラルにあなたをサポートし、守ってくれるものなので、すべてがあなた自身のふとした声や感覚に思えるもの。

神様は、あなたが何かをしてから教えてくれるのではなく、何かをする前の〝物事の最初の段階〟から、必要なことを伝えてきてくれているのです！

神様はつねにパーフェクトであり、あなたのしようとしていることがどういう流れや展開や結果になるかを、あなたが何かをする前から、ぜんぶ知っています。

それゆえ、親切に、誠実に、わずかな違いやミスも見逃さないように、早い段階で、軽い段階で、まちがいに気づかせてくれる、本当にありがたい存在であり、全幅の信頼をおいて、然るべき存在なのです！

しかし、そのナチュラルにやってくる神様からのささやくような声を、あなたの理屈がときどき無視してしまうわけです。そうして、あなたの何かが、ズレたりするわけです。

神様は、電気的現象をよく使う☆その1

携帯・電話・パソコン☆気づきのサインで、そのとき、何かが起こる

神様は、あなたのまちがいに気づかせてくれたり、止めるべきものを止めてくれたりします。が、それこそが守護であるということをくれぐれもよくわかっておいてください。

止めているのは、行ってはいけない方向、やってはいけないこと、会ってはいけない人、する必要のないことです。

また、それをすることで何かが狂ったり、おかしくなったり、人生が不運になるときです。

その理由を、そのときのあなたは知るよしもないわけですが。

さて、たとえば、あなたが何かを申し込もうとしているとします。そのとき、あなたにとって、「それではない」「いまではない」「やめたほうがいい」というとき、そのサインは、かんたんにわかる現象を通して、知らされます。

そう、心にひっかかるような出来事として、なにかひっかかるようなものをその中に残します。

そのひっかかりを介して、あなたの何かを止める際、神様は、心の中の声や感覚を通してだけでなく、その出来事の中に〝電気的な現象〟をもたらして、注意や気づきを送ってくれたりするのです！

たとえば、インターネットで何かを申込みしようとしているとき、なぜか正しく入力してもエラーが出続けたり、何度トライしてそこにつながろうとしても通じなかったりします。また、問い合わせのために電話をかけても、つながらなかったりします。

突然、使っている最中にＦＡＸが壊れたりします。

また、それがまちがっているのに、それを知らずに、急いで成立させようとすると、その書類に水をこぼしたり、服にコーヒーをこぼしたりして、そのせいでドライヤーで乾かすという無駄な作業ができたりします。

神様のサイン〝あるある電気現象〟では、〝インターネットをつながらせない〟〝アクセス先のサイトがなくなっている〟〝パソコンをフリーズさせる〟〝電話をつながらせない〟〝メールが届かない〟〝ファックスが壊れる〟というのが多々あります。また、さっきまでどうもなかったのに、突然〝パソコンが壊れる〟〝携帯電話が壊れる〟という、やっかいなものも。

こういったことを通して、あなたを引き止めるというやり方は、神様がよく使うやり方です！

また、おもしろいのは、電話をかけようとして、あなたがちゃんと番号をメモしたハズなのに、なぜか、電話番号やメールアドレスをメモしまちがえており、「おかけになった番号は現在使用されておりません」というアナウンスが流れたりします。

また、メールの場合でも、アドレスをちゃんと控えたはずなのに、エラーで戻ってきたりするのです。

不思議なことに、あとで確かめると、メモした番号やアドレスは何もまちがっていなかったのに、自分がかける際にのみ、まちがえていたというようなことがあったりもします。

それらは、〝偶然ではなく、必然的まちがい〟であり、〝正解〟であり、あなたがそこにつながる必要がないことを意味していたりします。

そのとき、そこには、なにかあなたに見落とされている大切なことや、気づくべき要素、選択しなおすべきものが、ちゃんとあるということであり、神様はそれを知らせたがっているのです！

また、電話の不思議現象でよくあるのは、絶対に通じるはずの電話をしているのに、なぜかコール音がしなかったり、つながった瞬間、プツンプツンと切れたりすることです。

また、その日に限って、いつもちゃんとつながる相手が電話に出なかったり、相手先が臨時休業となっていたり、昨日まであった会社が移転していたりするのです。

そのとき、その時点では、あなたは、それ以上、そこと、無理につながる必要はないのです！　あなたにとって、そのとき、それは、違うということだからです！

あるいは、それであってもいいけれど、タイミングが違うという場合もあります。もしくは、会社を変えたほうがいい、担当者が別のほうがいいということも。とにかく、何らかの理由で、出直しが必要なのです！

たとえば、別の日、時期をずらして、同じところに電話をしたときに、通じるとしたら、つながることはできます。

が、ひとつ、わかっておきたいことは、〝最初にすんなりつながらなかったものは、あとからも、なにかしら、気になることがあったりする〟ということであり、なんなら、そこではなく、最初からすんなり通る、別のところにしてもいいということも、多々あるということです。

最初から、すんなりつながらないものは、波動があわない何かしらの原因が隠されています。それは、相手の波動が悪くて、こちらの波動が良いという場合もあるし、相手の波動は良いけれど、こちらの波動が悪いという場合もあります。

波動の法則では、相反するものは反発しあいますが、同調するものは惹きあい、つながります。異質の波動では、どんな努力をしても、うまくつながれません。

もし、波動の違うものと、無理強いしてつながったとしたら、きっとそれは何か問題が発生するか、長続きしないことでしょう。

さて、**「それでよし！」という、あなたにとって良いもの、合うもの、ぴったりなもの、正解なもの、正しいものは、最初から、スムーズだと覚えておいてください！**

さて、神様は、二度手間を嫌いますので、最初に最も良い形で、ふさわしいものとあなたをつなげたい場合は、いちいち止める現象をはさみません。すんなりいってもいいものは、すんなり通してくれます！

そういうところは、とても親切すぎるくらいに親切であり、神様はもったいぶったりしないのです。良いものは、すんなり、スーッと、たっぷり、で〜んと、よろこばしく、惜しみなく、与えてくれます！

その、あなたにとって、良いものが来る際の神様のやり方については、この後の項目で詳しくお伝えしますので、お楽しみに♪

つながりの悪いところに、あなたがしつこく何かを進めようとすると、今度は、やきもきする現象や、何らかの問題やトラブルが起こりはじめます。

トラブルにまでいかないとしても、うっとうしいことが、ちまちまあるのです。

あるいは、つながろうとしていた担当者が突然退社し、いなくなっていたり、後任が決まっておらず、話をたらいまわしにされたりします。

あるいは、そのことに使うために用意していたお金が、突然、他のいりようのために出費することになったりして、その目的のためにお金が使えなくなったりします。

ちなみに、お金が用意できないことで、そこと、そのとき、つながれなくなるわけですが、それでいいのです。そのとき、それは、あなたにとって見送るべきものであるというサインだからです。

とはいうものの、神様は、なんでもかんでも、「よくないぞ」と、あなたのすることにケチをつけて、見送らせて、あなたをがっかりさせる存在ではありません。

それよりもっと良いものを与えるのでない限り、何も無駄に見送らせたりしないのです！

そして、ちゃんと、それより良いものをグッドタイミングで与えてくれ、おおいによろこばせてくれるものです。「ああ、あのとき、あれを見送って、よかった♪」と。

神様は、電気的現象をよく使う☆その2

部屋の照明・電球・電化製品☆
そのとき、どうなった⁉　それをよく観よ

神様が、緊急で、あるいは、強く、あなたに何か重要なことを伝えたいときや、そこにあなたにとってよくないこと、絶対に避けるべきもの、不吉なことがあるというとき、「えっ⁉」と思うような電気系統の異変や故障を通して、あなたに注意を促すことがあります。

たとえば、あなたがそれについて話題にしているときや、かかわろうとしていたまさにそのとき、突然、部屋の照明をチカチカさせたり、電球をパチンッとショートさせたりするのです。

あるいは、携帯の電話やメールの着信音を鳴らしたり、玄関のチャイムをピンポーンと鳴らしたりします。けれども、おかしなことに、そこには誰からの連絡も訪問もなかったりします。

ときには、何気なくつけていたテレビから、登場人物がなにか「やめとけ！」とか「それってよくないよね」「要注意だよね」と、何か意味ありげなセリフを部屋にいるあなたに聞かせるものです。

そんなことも、また、神様があなたを守ろうとしているサインなのです！

それにかかわるのをやめるべき、それはよくない方向に行く、手をひかないとおかしなことになる！　と、予測できる不運があることを教えてくれているわけです。

そもそも神様は高次のエネルギーなわけですが、エネルギーは情報を持った電気であり、それゆえ、電気的現象をとるのが得意なのです。そして、それが最もかんたんにあなたの注目を集めることをよく知っています。

それは、あなたにとってよくないことや、不吉なことを知らせるときによく起こることですが、そのサインがあるからこそ、あなたは、それにかかわるのを躊躇でき、やめたい気持ちになれ、あらかじめ避けることができるのです。

ときには、電話のタイミングがズレ、かかわろうとしている人とうまくつながれなかったり、なぜか突然混線したり、何度電話してもプツンプツンと電話が切れたりします。また、ときには、あとから相手が「何度も電話をかけたんですが!!」と言ってくるにもかかわらず、なぜか、自分の携帯に着信履歴が残っていなかったりします。

奇妙に感じることが起こったとき、理由や原因を突き止めるのが、この際には重要なのではありません。「えっ?」「ハッ!?」「なんで!?」「おかしい」「なにかが変だ!」と感じることが大切なのです!

それによってあなたは、その時点で気づくべきことを感知し、「やはり、これにかかわるのはやめよう」とわかり、ことなきを得られるからです。

どのみち、まっとうな理由を探そうとしても、不具合の原因を調べようとしても、無駄です。そこに解明可能なことは、一切ないからです！

というのも、**神様からのサインや現象は、神秘的で不思議であり、それは、察知するものであり、心で悟るものであり、ちゃんと受け止めることが、重要だからです！**

また、あなたが誰か会ってはいけない人、会わないほうがいい人に会うために出かけるしたくをしていると、ドライヤーが壊れたり、電車が遅れたり、事故で道がふさがっていたりして、車も通れず、難儀《なんぎ》することがあります。

また、ときには、あなたが遠くへ行くために（国内旅行でも、海外旅行でも）、旅行会社に予約金を持って行こうとする日に、突然、冷蔵庫やら、クーラーが壊れたりします。そのせいで、予定していた旅行に行けなくなったりするのです。あるいは、飛行機が何らかの理由で飛ばなくなります。

そして、それでいいのです！　見送って正解なのです！　その旅行を見送り、別の場所や、別の時期にすることで、避けるべきものを避け、守られることになっているからです！

本来、あなたが買うべきもの、手にすべきもの、会うべき人、行くべきところに、神様は、邪魔をしません。サポートするのみ！　です。

そのサポートの現れ方については、チャプター3でお伝えしますが、その前に、ひとつ、どうしても、お伝えしておきたいエピソードがあります。

それは、私が、神様からのサインを無視したことで、いや、そうでなく、私が変にポジティブに受け止めすぎたせいで、〝止められているもの〟にそのまま向かってしまったことで、おかしくなった出来事についてのお話です。

そこには、知っておくべき、たくさんの教訓があります！

では、引き続き、どうぞ。

おかしなものは、おかしい！　と、とって正解

おかしなことをしない人は、おかしなことをしない！　それが当然の原理

ここから、あなたに絶対にちゃんとわかっておいてほしいことは、「おかしなものは、おかしい！」「おかしくないものは、おかしいところが一切ない！」という、そのシンプルな法則について、です。

おかしなものは、おかしい！　と受け止めることは、「ポジティブなこと」だという教訓です！　おかしなものを感じているのに「小さなことを気にするのはよそう」というのは、ポジティブなことではありません。大事なことを見落とすことになるからです！

本当にポジティブとは、どういうことかというと、「肯定的でいる」ということです。

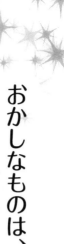

すなわち、それは、「おかしなものは、おかしい」と、「おかしくないものは、おかしくない！」と、肯定的に受け止めるということです。

そういう、本当の意味においてのポジティブがないと、おかしなものにまで、「そんな細かいことを気にしてはいけない」となり、おかしくなるのです。

いいですか！　しつこいようですが、「ポジティブ」とは、いやな感じのするものまで、前向きに「気にすんな、これでいい」と、受け入れることではありませんよ。

「おかしなものは、おかしい」と、「違うものは、違う」と、「気になってひっかかるものは、ひっかかる」ということを、ちゃんと、素直にそのまま気にとめ、肯定することが、本当にポジティブだということです！

さぁ、そんなことがはっきりわかった私のエピソードについて、お伝えしましょう。

それは、あるとき、私がある家に、引っ越ししようとしたときのことです。

結論からいうと、大金をはたいてＧｅｔしたその物件に、私はたった2週間しか住

めず、すぐに退去することになったということです。

不動産会社や、そこからのつながりの引っ越し業者、関連住宅設備会社は、みんな一見いい人に見えたものの、対応のすべてがいいかげんでした。引っ越しの際からトラブル続きで、結局、大きな被害を受け、大後悔したほどです。

その原因こそ、私が神様からの電気的サインを「それくらい、いいか」と、まちがったポジティブな解釈で無視したからでしょう。

しかし、そこには、大きな教訓があり、私はそれを経験してよかったと今では思っています。それをいまから、あなたにも伝えられるのですから！

さて、その引っ越しでは、最初の段階から、気になる小さな違和感がたくさんありました。かかわる人以前の問題として、申込手続きをする際から！

そこにあるサインを私がその段階でしっかり受け止め、「この物件ではない！　やめておこう！」と、やめていたら、それ以上の被害はなかったでしょう。

けれども、私は、なぜかそのときに限って、「小さなことを気にしすぎるのはよくない」と、変にポジティブなあり方を貫こうとして、〝止められているサイン〟を無視したことで、精神的にも物質的にも大きなダメージを受け、お金も、時間も労力までも大損したのです。

変にポジティブな人でいようとすると、本当には、ストレートにおかしなものが、薄まって感じられるということです。真実がみえにくくなってしまうわけです。

これからお伝えすることと同じようなことを、もしかしたら、他の人も経験しているかもしれません。まぁ、よくある話といえば、よくあることかもしれません。それゆえ、もっと賢くなれるようにと、このエピソードをお伝えしたいわけです。

さて、その引っ越しの際のことです。

ふだんなら、私は、知らない不動産会社には絶対に行かず、なじみの不動産会社か、知人の不動産業者を訪ねて物件を決めていました。であるのに、そのときは、そうしなかったのです。

その理由は「まぁ、セカンドハウスだし、予算も少ないし……知人に頼むのも申し訳ないし、もし、紹介してくれても気に入らなかったら、断るのは悪いから、何の気兼ねもないところで探そう」と思ったからです。いつもなら、そんな遠慮すらなく、甘えさせてもらっているのに。

そのときの私は、いつものようには大きな予算を用意しておらず（セカンドハウスなので、安くていいかと）、「もし、契約しなかったら、申し訳ないしなぁ」とそれが強く心にあったからです。

人は、いつもの自分のレベルで物事にかかわるのをやめると、いつもしないようなことをしがちなものです。それは、まったくよくありませんでした。調子が狂うし、判断が狂うし、おかしなものを手にすることになるわけで。

そして、私は、初めて利用する不動産会社で、いつもならあまり興味も持たない地域で、格安の物件をみつけたのです。

その物件は、「えっ？　なぜ、こんなに安くて、こんなに大きな家が、空いているの？」と、ちょっと理由が気になったものです。

が、内観したとき、高台に立つその家のバルコニーから見える景色があまりにも美しく、それを気に入ってしまい、「ここにします！」と、物件案内の担当者に即答してしまったのです。

ただ、物件を見にいったとき、その地域、そのフィールドの持つ雰囲気は、異常なほどの静けさで、人の気配がなく、あたり一面シーンと静まりかえっており、そのムードに、少々、「ん？」と感じ、なんとなく閉鎖的で排他的な感じを覚えたものです。

「この異常な静けさは何？　事件や事故でもあったの？」と、そうはっきりと感じたほどに。

しかし、それを担当者に伝えると、「それは、ないです。ここのウリは、閑静な住宅街ということです。静かなのは当然です」ということでした。

本当に、それだけ⁉　「それはないなら、〝他に何が〟あるのか？」と、聞きたかったのに、なぜか、それ以上聞けませんでした。

しかし、このとき、聞いていたとしても、あとからわかった、その件については、契約時にこの担当者は言わなかったことでしょう。

そう、あとから、起こることになる数々の異常現象の原因となるものについては！

異常な静けさが気になりつつも、あの高台からの美しい景色が忘れられず、結局、私は、申し込みをすることに。

そのとき、私の中では小さな声で、ささやくように、「本当にあそこでいいのか？」「他の物件を探したほうがいい」「あの異常な静けさと人の気配のなさを追及すべきだ！」と聞こえていました。が、私は、その心の声に「何を言っているのよ、ほら、あんなに景色が気に入ったじゃないの」「あんなに静かなら、きっと、執筆もしやすいはず！」などと、違和感を理屈でねじふせていたのです。

その間も担当者は、ニコニコ。審査の申し込みをしましょう！　と準備。そして、「お客様自身にいまからインターネットで手続きをお願いしたいのです」と。

ところが、私が「機械操作は苦手」だと伝えると、「では、お客様のスマホで、僕が代わりに入力しますね」と、二人で一緒に内容を確認しながら、必要事項を入力していくことになったのです。

彼が入力していくとき、「くっ」と胸がつまるのを、何度か感じました。

この「くっ」と、胸がつまる感覚は、注意をうながすサイン！　誰にとってもね。

その胸のつまる感覚の理由を、私はその時点では知るよしもありませんでした。ただ、なにかミスされてはいけないと思い、担当者に、「まちがいはない？」と、何度も確認していました。けれども、その都度、彼は「大丈夫ですよ」と。

そして、私は、「まぁ、いいか、気にしなくても。もし、このあと、なにかよくないことがあるとしたら、また、サインがやってきて、神様が止めてくれるだろうから、そのとき、止まればいいいか」などと、考えていたのです。

ここでもうひとつわかっておきたいことは、ときに理屈は自分に嘘を言い、自分をなだめることがあるということです。理屈はまちがうことがあるわけです。しかし、感覚はまちがえません！　本能的にキャッチするものは、いつも正しいのです！

ちなみに、神様は、こちらが何かしらの異変を察知する随分前から答えを知っており、それを早い段階から教えてくれています。

その時点で、人間の側が理由を知らなかったとしても、天には、神様には、わかっている事実があり、それをちゃんと、こちらに正しく教えてくれているのです。

であるにもかかわらず、なぜか私はそのときだけは、その景色の美しさにこだわってしまっていて、そのこだわりのために、いつも無視しない心の声を脇へ追いやっていたのです。

そうして、担当者と二人で確認しながら行った申込みが完了し、私は、その場で前払い金を支払い、不動産会社を出て、タクシーに乗り、帰ったのです。

担当者の話によると、「審査は2日でおります」ということでした。

ところが、タクシーに乗って、5分もしないうちに、突然、ピンコン、ピンコン、ピンコンと、けたたましく私の携帯にエラーメールが届きはじめたのです。

続きを、次の項で、お伝えしましょう！

それは、エラーを知らせる神様からのサイン⁉

おかしなことが起こるとき、
いったん立ち止まり、気づきなさい！

「えっ？　何⁉」みると、そのメールには、「審査エラー」「申し込みをやり直してください」とあったのです。しかも、その同じ内容のメールが、ひっきりなしに、もう携帯が壊れそうなほど何十件も立て続けに届いたのです。

「うそでしょ⁉　なに、この不気味な届き方！」

そもそもこんなエラーメールが届くのは、おかしなことでした。なぜなら、何度も担当者と二人で画面を見て、一つひとつ確認しながら入力し、申込みをし、「審査を受け付けました。ありがとうございました」という、最終画面まで確認したわけですから！

郵便はがき

料金受取人払郵便

牛込局承認

9410

差出有効期間
2021年10月
31日まで
切手はいりません

1 6 2-8 7 9 0

107

東京都新宿区矢来町114番地
神楽坂高橋ビル5F

株式会社ビジネス社

愛読者係 行

ご住所　〒 TEL：　（　　）　FAX：　（　　）		
フリガナ お名前	年齢	性別 男・女
ご職業	メールアドレスまたはFAX メールまたはFAXによる新刊案内をご希望の方は、ご記入下さい。	
お買い上げ日・書店名 年　月　日	市区 町村	書店

ご購読ありがとうございました。今後の出版企画の参考に
致したいと存じますので、ぜひご意見をお聞かせください。

書籍名

お買い求めの動機

1　書店で見て　　2　新聞広告（紙名　　　　　　　　　　　）
3　書評・新刊紹介（掲載紙名　　　　　　　　　　　）
4　知人・同僚のすすめ　　5　上司、先生のすすめ　　6　その他

本書の装幀（カバー），デザインなどに関するご感想

1　洒落ていた　　2　めだっていた　　3　タイトルがよい
4　まあまあ　　5　よくない　　6　その他(　　　　　　　　　　)

本書の定価についてご意見をお聞かせください

1　高い　　2　安い　　3　手ごろ　　4　その他(　　　　　　　　　　)

本書についてご意見をお聞かせください

どんな出版をご希望ですか（著者、テーマなど）

それが、不動産会社を出てほんの5分もしないうちに、タクシーの中でけたたましくエラーとなってやってくるわけですからねぇ〜。

しかも、その内容のおかしさには驚きました。というのも、「そんなことは入力していない！」という内容がそこにあり、かわりに、二人でちゃんと入力したはずの「肝心な内容」がすべて空欄になっていて、赤字指定となっていたからです！

その空白に戻っていた赤字指定の欄は再入力を要求していましたが、それは一か所、二か所ではなく、ほぼ、すべてでしたので、そんなことがあるものかと不思議に思いました。

毎日のようにそのシステムを使っている不動産会社の担当者がしっかりやってくれ、二人で確認しながら正しく入力したものが、そんなおかしなエラーになる理由がわかりませんでした。

が、**それこそが、あとからわかったことですが、電気的なものを使ってやってきた、神様からの「その物件に住むな‼」というサインだったのです！**

が、その時点では私はまだそれを受け止めておらず……。

ただ、なんだか気持ちが悪かったので、不動産会社ではなく、私はタクシーの中から、先に妹に電話したのです。「というわけで、いまそんなことになっているのよ。これ、どう思う?」と。すると、妹は、いつものようにこう言ったのです。

「おねぇちゃん、その物件、やめとき!」と。

いつもなら私も、「せやな、やめとこか」というのに、なぜか、私はそのとき妹にこう言ってしまったのです。

「せやけど、このエラーが解決して、ちゃんと審査が通ったらいいだけの話かもしれないしなぁ……まちがいなんて、誰にでもあるし。住んでも悪いところでもなさそうやし……」と。

するとと妹は念を押すようにこう言ってきたのです。

「おねぇちゃん、申し込みするとき、胸がつまったんやろ? サインがきたやろ? エラーの異常もあるやろ? いつもなら、ちょっとでも、おかしなことあったら、そんなものは手放すのに、なんで、今回は、そのサインを無視しようとするの？」
「いや、せやけど、こんな大きな家が、こんなに安くて……あんないい条件で……それに景色が気に入っていて……」
「でも、おねぇちゃん、絶対にそんな地域には住まない人やん。ふつうなら、もっと、住んでうれしいハッピータウンに住んでいるやん！　とにかく、なにかありそうな気配を私は感じるから、やめといてほしい！　どうか、他の物件を探して！」と。

そのあと、それでも私は、妹のその言葉もふりきったのです。

そして、今度は担当者に電話して、そのエラーに対応して、ちゃんと審査を通してほしいと伝えたのです。担当者は、そのエラーについて何度も私に詫びを言い、「すぐに対応します！」と。そして、2日で降りるはずの審査は5日後にやっときたのです。

そして、その後、私は、まだ続く気になる経緯があったにもかかわらず、それをふりきって、入居したのです。

ところが、やはり、神様のサインとサポートと守護は、根気強いものです。

「その物件ではない！」ということを知らせ続けてきたのです。

……そう、次々といやなことが起こるという現象を通して！

異常の背後には、エネルギー障害がある

おかしなことが起こる背後には、必ず、隠された真相がある！

神様からのサインは、最初小さく、だんだん大きく、こちらに投げかけられるものです。

このときも、それは、「その物件ではない！」というサインを、最初の入居審査の時点で伝えてくれていたのですが、それを突破してしまった私に、それでも神様はお知らせを続けてくれていました。いろいろな現象を通して！

まず、家の前に引っ越し業者とうちの車が着くやいなや、隣の家の人が警察に通報したのです！　不審でもなんでもないのに！　いま来て、5分もしないうちに!!

隣の家の人は引っ越し業者と新しい人が引っ越してくるのをたいそう嫌悪している感じで、「出ていけ!!」と叫んでいました。

すぐにやってきた警察は、「一応、通報があると駆けつけないといけない決まりになっていまして。お引っ越しということでしたら何も問題ありません。何かあったら、またご連絡くださいね。ごめんなさいね」と、すんなり帰ったものの、引っ越し早々、警察が家に来るとは、なんともいえない気分の悪さは半端ではありませんでした。

しかし、一方では、私は、「出ていけ！」という、その声を聞いて、「あの人が言っているのではなく、もしかしたら、神様が何かを伝えたいのではないか」と、瞬間的に、そう思ったものです。

実際、神様は、他人の言葉を使って、何かをこちらに強く、はっきりと、気づかせることがあるものです！　それは、怒りではなく、忠告として！

「忠告なら、もっと、優しく言ってくれればいいのに」と、あなたは思うかもしれませんね。しかし、やんわりした言い方だと、そこにいてはいけないことを、きっと、人は、察知しにくいでしょう。

はっきりと、きつい口調で言われるから、「はっ!」とするわけですからねぇ〜。

とにかく、**人の生《なま》の声は、いやでもはっきり自分の耳に入ってきますので、その言葉を通して、はっきりと知るべきことをこちらに知らせるということを、神様はしてくださることがあるわけです。**

そして、実際、私は、このあと、ある神様的な深い事情を知らされることになるわけですが、この時点では、それはわからず……。

私は、不快感を持ちつつも、引っ越しの荷物を降ろし、家の中を整え、住むだんどりをするしかありませんでした。

そして、決定的なことが起こったのは、荷物を家に入れたときからでした。

まず、引っ越し業者が、いきなり家具を壊す、重たい家具を手から落として、床を壊す! そして、そこで仲間同士で喧嘩する! でした。

いや、あのねぇ……ショックすぎますよ。

入居したての部屋が破壊されたことを、すぐさま管理会社に電話しようとすると、携帯電話の電波がおかしくなって、一切使えないのです。

何度かトライして、やっと、携帯で電話できたと思ったら、混線しまくりで、まともに会話できず……そのあと、ノートパソコンをつなげようにも、フリーズしたまま動かず、メールも送れず……。

とにかく、必要なことを業者に伝えようとしても、まともに、かかわりたい人とかかわれないのです。


そのうえ、入居日にあわせて送られてきたシャンデリアには、なんと、電球がひとつもないという、エラーまで!!

この家で、灯《あか》りを灯《とも》せない！　その意味とは⁉　と、立ちすくんで考え込んでしまったほどです。

日頃から何でもスムーズな私は、ほんとうに調子が狂いました。

そして、あまりにも引っ越し当日のことがスッキリしないので、窓際に立ち、ひとり静かになり、チャネリングをしたのです。

すると、「あなたはここにいてはいけません。一刻も早く、この家を出ることです。ここにいると、体を害しますし、仕事にならないでしょう！」と。

「いやぁ～、それ、もっと、早く教えてよね～」って、入居申し込み審査エラー通知のときから、教えてくれていましたよね。

そんなわけで、引っ越し当日に、「ここに住むのは、やめよう！　撤収だ!!」と決めたものの、気持ちの悪い入居の背後にある隠された理由だけは絶対に突きとめたい！　と思っていました。

そして、私は、神様におうかがいを立てることにしたのです。真相を知るためにも！

引き続き、次のページで、お話ししましょう。

そこには、ぜひとも知っておいてもらいたい、大切な要素がたくさんあります！

現れ出でたる神様のお告げ

それは清らかで、気高く、美しく、優しい！
人間の精神を問い正すもの

後日、京都から、私が信頼している霊能者であり、神様を降ろすこともできる、権威ある先生に家に入ってもらい、二人で儀式に入ることに。

まず、土地の神様をお呼び出しさせていただき、私の中に降ろし、彼がその私の中に降りた神様に、お伺いを立てたのです。

さっそく、わかったことは、この一件の流れは、悪い霊の障《さわ》りではないということでした。そこに霊障は一切、ありませんでした。それは自分でも確信できていました。

それよりも、意外なことがわかったのです！　なんと！　降りてこられた神様は、稲荷大権現《いなりだいごんげん》様で、その崇高なエネルギーは、こうメッセージを伝えてくれたのです！

「われはこの土地の鎮守、稲荷大権現なるぞ。この土地は、昔から神の土地……古来、ずっと、この土地は稲荷大権現の聖地なるものとして、広く人々を守護してきたものであり、人々に多くの報恩を与えてきたもの。

それが、その恩を忘れ、尊ぶ心を忘れ、感謝を忘れ、自分たちさえよければいいというかのように、金儲けのために、躊躇なくお社《やしろ》を壊し、神を追い払い、土地の開発を続け、ここ一帯の物件は建てられたのだ」と。

それは、とても冷静に、おだやかに、落ち着いたトーンで伝えられました。

それを聞いて、私には、はっと思い当たることがありました。実は、引越しの前日、この土地の氏神様にごあいさつをしようと、神社庁に電話して、その地域の氏神様の場所を聞いたとき、「そこの氏神様にはもう神主がおらず、ほこらだけになっています。ですから、○○神社の神主が兼任しておりますので、そこへお参りください」と、別の神社を教えられたのです。その神社は、新居となる家からは遠く離れており、ご祭神も違う神様でした。それで「え？」と感じていたのです。

そして、気になったので、行ったその神社で、ほこらだけの、その、もとの氏神様の場所を教えてもらったのです。そこは新居から15分くらい歩いた坂道の下に、突然ポンと現れた狭い空き地でした。

そこへ行ったとき、驚きました。なんともさみしい狭い空間のはしっこに、古びた小さなほこらが置かれていたからです。それはまぎれもなくお稲荷様でした。

「あれ？　なんでこんなさみしい祀られ方なのだろう？」と私はそれを見て気になっていました。それゆえ、稲荷大権現さまが現れて、伝えてくださったことは、まさに真実なのだと痛感したのです。

そして、それは、「だから何がしてほしい」ということではありませんでした。

その神様のエネルギーは、とても崇高で、高貴で、澄み切ったものであり、気高く、美しく、気持ちが引き締まるものでした。

それは、〝人間が、神を敬う気持ち、大切なものを尊ぶ気持ち、恩や感謝を失ったことを、哀しむものであり、そういう大切な気持ちを失ったとき、人は、大切なものを自分もこの人生で失う〟という、メッセージでした。

人が、そういう大切なものを失うと、きまって傲慢になり、平気で悪いことをし、自分さえよければというような考え方や行動に出がちとなるのだと。

そして、そういう人間の精神の荒れ方を、神様はご心配なさっておられたのでした。

そして、そういうところに、問題や事故や事件が起こるのであり、大いに注意すべきことだということだったのです。


そして、続けて神様は、こう告げてくださったのです。

「知らずにここに住む者で、守られるべき者は、早々に何かを感じて自発的に他に引っ越し、ここを出ていくことになるであろう。そして、それで、よし。しかし、気づきもなく住み続ける者は、やがて、何かを覚えずにはいられぬことだろう。

ここで汝を倒すまいと、守っておるぞ。早々にここを出よ！　ここは、汝の住むべき場所ではない。戻るが良い！」と。

その瞬間、私は、この家を内観しに来た日から、実は、ずっと、この稲荷大明神様からサインをいただいていたのだなと、感じたのです！

そうやって、現れ出でたる神様は、大きな慈愛をもって、ゆっくりと真相を教えてくださったのです。

ちなみに、神様は、お金やなにかを人間に要求してくることはありません。巨大な聖なるエネルギー体である神様には、そんなものは一切不要だからです。

神様は、ただ、ただ、私たちを守り尽くし、与え尽くすのみの、惜しみない、豊かな、ふとっぱらな存在です。与えてくださることはあっても、こちらに何かを要求してきたり、恩返しを求めてきたりすることなど、決してありません。

いつでも、神様は、この世にあるなんでもを無償で人間に与えてくださっているのです。太陽の光も、月や星の明かりも、恵みの雨も、大地で育つ作物も、美しい木々や花々も！　与えっぱなしでいてくださる、なんともありがたすぎる存在なのです！

人間を、守りっぱなし、与えっぱなしで、それをよろこびとする幸せの供給者そのものです！

神様に必要な捧げものがあるとしたら、私たちの精神だけです、清らかな精神、尊ぶ精神、感謝、よろこび、のみです！

さて、とにもかくにも、事情を知らずに、この土地に、家に、足を踏み入れたことを、まずは神様にお詫び申し上げ、「とにかく、すぐにここを出て行きますので、引っ越し業者が決まり、東京に戻るまでは、ここに住むことを少しばかりお許しください」と、私はお願い申し上げたのです。そして、さっそく、退去の支度《したく》をします！と誓って。

それから、神棚にお水とお酒と粗塩と米をお供えし、引っ越すまで毎日、感謝し、手をあわせ続けていたのです。

神様は、そのたびに、何度も、「よかろうよ、よかろうよ」と告げてくださいました。

神様は、こちらに伝えることを伝えきれ、こちらがみなまでわかった（悟った）とわかると、すぐに、こちらに、おだやかな気持ちを、落ち着きを、生活の安泰を、与えてくださいます！

これ、そうなったとき、すぐにわかります！

なにせ、神様と通じると、とたんに、胸のつかえが消え、もやもやしていたものがスーッと消え去り、突然、胸が大きくひらき、爽やかな春風が心の中に吹いてくるような、清々しい気分になるからです！

そのとき、別に何が起こったわけでもないのに、突然、安堵が訪れ、ほっとし、生活がパッと好転するのを実感します！

この、突然やってくる、安堵こそ、神とつながったサインなのです！

さて、そのお詫びや感謝が通じたのか、何なのかは知りません。が、真相を理解し、こちらがそれにみあった誠意と対処を自分のできる限りさせていただこうと決心し、動き出したとたん、パタリと異常現象も止んだのです！

そして、なぜか翌日から、突然、仕事やお金が入り出したのです。たった4日で300万円の臨時収入が！　それも、まったく意外なところから入ってきて!!

それは、まるで、「次の家へと、早々にこのお金で移りなさい！」と、言ってくれているようにも思われました。

もちろん、そのお金を使わせていただき、新居を出て、東京の自宅に戻ったのは、いうまでもありませんが。

しかし、この物件の隠された秘密は、これだけではありませんでした。その他に、あとひとつ、このフィールド（地域）が抱える問題があったのでした！

環境的な電気障害もある!

人は、環境のいたずらに悩まされることもある☆電磁場という驚異

さて、前項からの続きですが、この物件の異変の原因は、神様的な事情のみでは、ありませんでした。

実は、家の階段を登ろうとすると、なぜか、体がふらついて、めまいが起きて、歩けなくなるのです。それは私だけでなく、訪ねてきた内装修理の方々や、遊びに来ていた友人も、体感していたことです。

吐き気や、頭痛にもみまわれたのでした。それも、ここに訪ねてきた人全員がそれを訴えていました。

また、日中、家の真ん中の部屋で仕事をしようとすると、頭の中をぐるぐるかき回されるような奇妙な感じがずっとありました。それは、ほぼ、一日中続き、ずっと頭

がボーッとしていたのでした。

なんだか、体はだるく、夜になると、その日、一日何もしていなくても、異常なだるさと疲れで倒れるように眠るしかありませんでした。それは、健康的な熟睡とは違うものでした。朝、起きると、体中が痛くてしかたありませんでした。

また、首から頭にかけて、キューッと上に向かってひっぱられるような強い痛みがずっとあり、首を横に向けられないくらい、つっぱるのでした。


内観しただけでは、ここまでのことは、体感できませんでした。部屋に入ってすぐに、「ちょっと頭痛いなぁ」と感じたものの、「この部屋、頭痛いですね」と言うと、不動産会社の担当はね「ああ、長く空き家になっていたから、部屋の空気が悪いからでしょう」と言い、「そうか」と、私もその時点では納得してしまったからです。

けれども、いま思えば、それも、私の落ち度でした。


とにかく、体の反応は、時間が経つほどに顕著に出るものです。よくないエネルギーのあるフィールドに身を置くと、毎日、何かが体に影響してしまうものです。

そして、極めつけは、不気味に部屋の中心に集まるゴミでした！

たとえば、部屋を掃除して買い物に行って帰ってくると、掃除したばかりの部屋なのに、なぜか家の中心になかったはずのゴミが、どこからか全部吸い寄せられてきて溜まっているのでした！

最初、これを見たとき、本当に驚いたものです。これで私ははっきりと、神様以外の、何か他から、そう環境的に影響している強い電気的なエネルギーがある！　と痛感したのです。

それをもっとはっきりさせようと、ひとり静かにチャネリングしていると、心の中に「電気的エネルギー障害あり!!」「電磁場が狂っている!!」「外の雲をみよ！」という声が聞こえてきたのです。

あわてて家の外に出て、空をみあげると、なんと、逆毛を立てたかのような形のおかしな形状の雲が何百メートルにも渡って、延々と続いていたのです！

その雲のもとへと駆け寄ってみて、もっと私は、驚きました。

なんと！　そこには、見たこともないほどの巨大なある鉄塔（電磁フィールドに影響を及ぼすといわれているもの）が何十基も、密集してそこに建っていたからです！

「これだ！　このせいだったんだ‼　もうひとつの異変の原因は！」と感じとった私は、もう夢中でそれについて調べました。と同時に、不動産会社の担当者にも、管理会社にも連絡し、「あれの影響力について知っていたら教えてほしい」と、頼んだのです。

それは、これまで社会的にも、問題にされたことがあったもののようで、建設側は、「人体に影響しない」と報告しています。が、その影響の良し悪しについて追跡調査をしている団体などでは、「人体に多大な影響がある」というようなことを伝えていたのです。私はその資料をのちに入手することになるのですが。

しかも、その鉄塔の近くに住む人の実際の体験談では、かなり体調不良に悩まされていること、部屋の中にも影響が出ることが語られていました。

やはり、私がこの家で体験したのと似たようなことをこの電磁フィールドに住む他の人も経験していたようで、「いくら掃除しても、部屋の中央に向かって、部屋中のゴミやほこりが溜まり出す現象が起こる」という同じ現象が赤裸々に語られていたわけです。心臓のペースメーカーに狂いが生じたということや、頭痛、吐き気、めまいがあること、血液のがん、精神的病などの例までも！

私が影響を受けたのは、この土地の神様の事情だけでなく、もっと大きくかかわっていた土地を支配するかのように流れる大きな電気的エネルギー障害、磁場の狂い、だったのでしょう！

それを私は、科学的に証明することはできません。が、ただ、確信したのです。そして、自分の中で腑に落ちたのです。

そのすべてを知って、私は、「ああ、神様は、この悪影響から私を守るために、この家ではない!!　出ていくように!!　と、ずっと異変を通して、サインを送っていてくれたのか」とわかったとき、その神様の愛と思いやりに、涙が出るほど感動したものです。

神様は、私がダメージを受けなくて済むようにしてくれていたのです。最初の段階から！　なんと、ありがたいことでしょう!!

そして、私は、この件で、どんな小さなサインをも、絶対に、見逃さないことを肝に銘じて帰ってきたのです。

東京の自宅に戻ってくると、体の疲れや痛みはどこへやら。携帯もパソコンも問題なし！　すべてが、スイスイスムーズに、いつものごとく円滑に戻り、体調も、仕事も元の元気な状態に戻ったのです！

通じたとき、神は〝次の導き〟に入る！

通じるまでは、これでもか！
と教え、通じたら、即・次へとあなたをいざなう！

神様は、何ひとつ、あなたに損を、傷を、ダメージをおわせないよう、物事の最初の段階から、あなたに知らせるべきことは、何度でも、根気よく、心の中や現象を通して、必要なサインを送ってくれます！

しかし、そのとき、あなたが、**何かにこだわっていたりすると、たったひとつのそのこだわりのせいで、本来、注意すべきものが見えなくなったりするものです。**

しかし、こだわらずとも、本来、あなたがほしいもの、持っていいもの、叶えて然るべきことは、もっと良い形で、どのみち与えられることになっているわけですが。

そして、**覚えておきたいことは、神様のサインはいつもわかりやすく、親切にできている！　ということです。**

ときには、あなたにとっては、〝いやな思い〟をすることでも、それがあるから、あなたは自分にとってよくないものを、まともに避けることができるわけです。

よくないものはよくないと、良いものは良いと、教え、サインを送ってくれるのが、神様です！

しかも、神様は、会社の中にいる意地悪なお局《つぼね》様のように、「前に1回教えたよね、何度聞く気なの？」と、いじわるなことは言いません。

あなたがわからないなら、わかるまで、親切に、あなたに通じるまで、根気よく、何度でも何度でも、「これでもか！」と、「早く気づけよ」と、慈愛を持って教えてくれるのです。

もっと、ありがたいのは、神様は、送ったサインをあなたがキャッチして、「通じた！」「わかってくれた！」というときには、即、次の場面を用意し、そこからあなたを新たな流れに乗せてくれるということです！

そのとき、あなたは、突然、気分が明るくなり、なにかが落ち着いたような感覚を覚えます。まだ、何も特別なことが起こっていなくても。

そして、そのスッキリした気持ちを使って、神様は、新しい流れの中から、あなたの現実の中の何かを改善したり、人生を軌道修正してくれたりするのです。

そして、進む先には、新たな場面があるわけですが、その場面には、本来、たどり着くべき場面、本来手にして然るべきもの、本来あなたに最もふさわしいものが、よろこばしく置かれているのです！

そして、そこに来たとき、あなたはすべての流れが正しかったのだとわかるのです。何かにつまずきながらも、止められながらも、ようやく、スイスイ流れた先で！

また、ときには、神様は、あなたが何かしらの改善や方向修正、軌道修正をし、人生を立て直すことがスムーズにいくよう、必要な人々や出来事やお金を投入し、うまくいくよう取り計らってくれることもあります。

神様は、あなたが何かまちがったものをつかもうとするときや、違う方向に進んでいるとき、なにかを、ただ、「やめとけ」と無責任に言ったり、むやみに止めたりするのではありません。

止めるなら、止めた分、それよりもっといいものをちゃんとあなたのために用意してくれています！　あなたに、よりふさわしいものを、よりよろこばしいものを、惜しみなく与えようと、プロセスから結果までも段取りしてくれるのです！

さて、何か、こちらにまちがったものや、手にしなくていいものがあるときに、神様が止めてくれることがあるというのはわかりましたね。

では、逆に、神様が「それでいいよ」「それは正解」「GOしてもいい♪」と、後押ししてくれるときには、いったい、どんなサインが現れるのでしょうか？

というわけで、今度は、良いものの場合の神様からのサインについて、次のチャプター3で、お伝えしましょう。

それを知っておくことで、あなたは、元気はつらつ、意気揚々と、明るく、しっかり、自信を持って、さらにいい状態で前に進んでいけるでしょう！

Chapter

3

神様と、
つながる人でいる♪

なんだか楽に生きられる！
それが、天との「つながり」の証《あかし》！

つかまえるべきは、この感覚！

あなたにとって良いものであることを知らせる神様からのサイン！

チャプター2では、あなたにとってよくないもの、それではないもの、そのときではないもの、つかんではいけないもの、進んではいけないものに関して、神様があなたにそれを知らせるために「止める」サインや現象を起こすということをお伝えしました。

そして、それを無視したり、強行突破したりするのは、あまりいい結果が手に入らず、よくないことになることが多々あるのだと。

ここでは、反対に、あなたにとって良いもの、行っていい方向、つかんでいいもの、かかわっていいもの、それだ！　というものを知らせる神様からのサインについて、お伝えしましょう♪

神様は、たいがい、サインをまず、あなたの心の感じ方や体の感覚や、五感・六感までのすべてを使って送り込んでくるものです！

その次に、〝ムードや気配〟を通して、そして、具体的な出来事や誰かの言動を通して、あなたが気づくべきことを教えてくれます！　また、これらがすべて同時に現れる場合もあります。

そのサインの中で、神様はあなたに「本当にこれでいいですか？」と、確認を促します。そこには、快・不快、安心・不安、満足・不満足、よろこび・恐れなどのどちらかの感覚があり、それによって、あなたはそれを手にしていいのか、その先に進むか止まるかを決めることができ、正しく導かれるようになっているのです。

そして、覚えておきたいことは、神様は、あなたにとって良いもの、かかわっていいもの、GOしていいもの、そこから幸運の展開になるもの、良い結果につながるものを教える際には、まず、最初に、あなたを、〝明るい気持ちにさせる♪〟ということです！

そのとき、まだ、何も良いことが起こったわけでないのに、あなたは、突然、胸が大きくひらき、呼吸がしやすく、軽やかになり、爽やかな春風に包まれたかのような、とてもスッキリしたクリアな状態になるのです！

何を隠そう！　この状態こそ、神様がここからの幸運を告げる〝ハッピー・サイン〟なのです！

また、なぜか、うきうき、わくわくしたりします。うれしさやよろこびがほとばしることもあります。

そして、早くそのことにかかわりたい、進みたい、着手したいという気持ちにさせられます。それは、あせりではなく、待ち切れないような、うずうずするような、ポップに弾むようなもので、それゆえ、その感覚のせいで、あなたは自発的にスピーディーに、目の前のものに対応することになるのです！

また、神様があなたの何かを「それで、よし!」「まさに、それだ!」「こんな良いものはない!」「積極的にいけ!」「いまこそ、GO!」「チャンスだ!!」と、エールを贈り、サポートしてくれているとき、あなたの内側からエネルギーがほとばしり、そのおかげで、あなたはとてもエネルギッシュで行動的な人になるものです!

神様は、生命力であり、生命力は創造力=クリエイティブ・パワーです!

その、クリエイティブ・パワーが、あなたの思いを具現化するものとなるわけですが、そこには、いつも、神とあなたの感覚的一体化があるわけです!

あなたの内なる感覚に、あなたが素直に応えるとき、あなたは自分の内にある神様に応えていることになり、導きは成功し、それゆえ、すべてがうまくいき、願いは成就し、幸せをつかむのです!

それゆえ、あなたが、ここから何かを持とうとするとき、何かとかかわるとき、何かを契約したり、叶えたりしようとするとき、どこかに行くとき、誰かに会うとき、何かを選ぶとき、何らかの方向性をみるときには、自分の内なる感覚の中に、明るさ、うきうき、わくわく、よろこびなどの、良いエネルギーがあるかどうかを、しっかりみることです！

そして、そのエネルギーに乗っていくことです。そうすれば、何もしんどくありません。

いつでも、つかまえるべき感覚は、明るさ、うきうき、わくわく、よろこびのエネルギー！　もし、そういったものがないなら、それに無理にかかわる必要はないでしょう。

そういうものがないものにかかわろうとしても、気がひけるだけで、体も重く、思うように動けないものです。

ちなみに、明るさ、うきうき、わくわく、よろこびのエネルギーが内からあふれてくるような感覚は、自分が創ろうと思って無理に創れるものではありません。

それは、あなたの内部の奥深くの根源から、勝手に湧《わ》き上がってくるものです！

その根源こそ、神様であり、〝神のみぞ知る幸運な運命〟が隠されていることを伝えるもの！

また、あなたにとって、とても良いものであり、ふさわしいものであり、価値あるものであり、満足できるものは、おだやかに静かに、「これだ」という声で知らされ、腹で納得するもので、なんとも気持ちよく、誇らしく、手にできるものです！

また、**あなたにとって運命的な出逢い、思いもよらぬ幸運の展開になるもの、感動と奇跡につながるもの、夢のような展開、素晴らしい結果へと導いてくれるものには、神様は「光」というサインを送ってくれます！**

そのとき、あなたは、それに出逢ったとき（人でも、物でも、仕事でも、本でも、それが何であれ）、一瞬、ピカッと光ってみえるのです！

それは、まさに、神があなたにグッドタイミングで与えたかった、宝物です！

人体に存在する神様の居場所とは⁉

あなたの中にある天との通信センター☆
神は、黙ってそこにいる！

自分の中に神様がいて、〝つねに、心の中でつながっている〟ということを自覚できる人でいれば、あなたはいつでも内なる感覚に素早く気づき、それにみあった正しい対応ができる人でいられます。そのとき、神様もあなたをスムーズに導けます！

そして、ここで、わかっておきたい重要なことは、あなたの中のどこに神様がいるのかという、その神様がお隠れになっている場所、現れ出でたる場所です。

ズバリ、それは、あなたの胃の後ろ側にある太陽神経叢《たいようしんけいそう》です！

そのあたりは、ハートと呼ばれる胸部一体であり、あなたの中心であり、あなたの背後でもあります。そこは、命の源であり、天からの司令や管理をするところであり、「目に見えない背後の存在」と呼ばれる、まさに、神様がおられる場所です！

また、それは、潜在意識といわれたり、無意識の領域と呼ばれたりもします。ハイアーセルフと呼ばれたり、チャクラと言われたりもします。それは、まぎれもなく、高次元のエネルギー領域であり、霊界とアクセスできる通信場所！

あなたの中の神秘の領域であり、同時に、リアルな現実の運命を動かすための、繊細なセンサー室の役目を果たす領域でもあります！

神様はそこにいて、すべての感覚をキャッチしており、あなたにサインを送ります！

神様のサインをあなたの神秘の領域が察知するとき、心臓はそのキャッチしたものが、あなたにとって良いものかよくないものかを知らせる周波数を放ちます。

それによって、あなたの胸はわくわくしたり、ひろがったり、ときには、クッとつまったり、閉じたりするわけです。

心臓は、あなたの感覚や感情がキャッチしたものを、そのまま動悸にします。その動悸は、リズムを刻んでおり、心拍数を持っており、一定の周波数を放ちます。

その周波数に応じて、人や物や事をあなたは惹き寄せているのです！

つまり、あなたの波動は、心臓の心拍数の状態によって決定され、それはあなたの呼吸にあわせて、体の内側から外側へと自然に流れ出でて、望む・望まぬに関係なく共鳴・共感するものを呼び込むのです！

この、あなたの中にあるハートの領域というものを大切にし、そこに意識をフォーカスすれば、いろんなことがわかるようになります。誰に何を言われなくても、教えられなくても、占ってもらわなくても、あなたはあなたのすべてを知り、運命を動かすことができるのです！　なにせ、そこに神がいるのですから！

さて、私が、心臓と周波数と惹き寄せに関するさまざまなことを研究しているアメリカの某有名な科学者集団のメンバーから、その秘密の授業を受けたとき、素晴らしい人体の神秘に大感動したものです。

また、私がヒプノセラピストになり、前世療法・未来療法のクラスで、クライアントを施術して驚いたのは、ハートの領域と呼ばれる人の部位、つまり、神と呼ばれる場所であり、太陽神経叢（潜在意識・無意識の領域・ハイアーセルフ）は、過去のことや現在のことや未来までもの莫大な情報を持っており、惜しみなく提供してくれるということでした。

たとえば、ベッドに寝ころんで、ハイアーセルフを呼び出すと、背中の後ろからぐっと胸の前に盛り上がってくるようなエネルギーをはっきりと感じ取ることができます。そのとき、質問すると、何でも答えを教えてくれるのです！

それは、まさに、胃の後ろの太陽神経叢が反応しているわけですが、この太陽神経叢は、宇宙のプラグで、あなたとつながっているのです！

寝転んでいるとき、その秘密がよくわかり、それゆえ、目に見えない神様を〝背後の存在〟と呼ぶのが、わかる気がしたものです。

実際、**それは、その神様は、背後からあなたを守り、正面から良いものをあなたに受け取らせるのです！　それゆえ、あなたは何があっても、前を向いていなくてはな**

りません。後ろ向きでは、良いものを受け取り損ねるからです。

そして、覚えておきたいことは、背後の存在の守護というのは、決してはるか遠いところからくるのではなく、あなたをそのまま直に背中から抱きかかえるようにしてあるものだということです！　それこそがあなたからひとときも離れることのない唯一の神様であるということです！

それをわかり、尊び、よろこぶことで、ここからのあなたの人生を絶対に幸せな良いものにしてほしいのです！

こんな自然現象も、聖なるお告げ♪

太陽の光・雲・虹・風・星☆
そこにある吉祥メッセージの意味とは⁉

神様は、あなたの中にいるわけですが、他者の中にも、大自然にも、とにかく、森羅万象、すべての中に宿っています！

この世に存在するもののすべては、神様が創り給うたものであり、それゆえ、壮大なものから、微細なものにまで、その神の働きはあるのです。

そして、ときに、神様は、あなたにどうしても伝えたいことがあるときや、落ち込むあなたを励ましたいとき、夢を応援したいとき、前に進むのを恐れているあなたを勇気づけたいとき、安心を抱かせたいとき、守っていることを知らせたいとき、「自然現象」を通して、メッセージを送ってくれることがあります！

その「自然現象」をみたとき、あなたは、そこにある神秘的な光景に目をみはり、「あっ、神様だ！」とその存在を意識せずにはいられないものです。無条件に感動を覚え、心が震え、魂がゆさぶられ、いっぺんに目が覚めたような、一瞬で運命が好転したような、深いよろこびを感じるものです。

そして、実際、そのあと、あなたにとって、とてもいいことや、事態が好転することと、よろこばしいことが、実際に起こるのです！

たとえば、神妙なおももちで、何かを叶えたいとあなたが神社に祈願に行ったとき、神殿で手を合わせていると、それまで降っていた雨がピタっと止んだり、空を覆っていた雲がどかされ、突然まぶしい太陽の光があなたの頭上に降り注いだりします。また、雲の切れ間から、燦々《さんさん》と光のシャワーを降らせるかのような、広い範囲で長い放射状の光を見せてくれたりします。また、突然、あたたかな大きな風が吹き、汗と涙を乾かしてしまうのです！

そのとき、神様は、あなたに、「苦しむな、思い悩むな、安心せよ！　それは確かに聞き届けた。叶うことになるだろう！」「安心して前に進むがいい」「もはや迷いのときは過ぎた！　ここから気持ちを確かなものにせよ」「夜は明け、新たな運がひらいておるぞ」「そのまま思う方向に、進んでよし！」「つかみたい幸せは、まもなく訪れる！」「すべては快方に向かっている！」「良い結果が待っている！」「大いなる者よ、いまこそ、汝に力をかそう！」と、言ってくれているものです。

また、ふと気になって、空を見ると、龍の形や、鳳凰《ほうおう》の形をした巨大な雲が出ていたり、雲がハート型になっていたりすることもあります。

あるいは、車を走らせていて、信号待ちでふと前を見ると、大きな縦の虹がかかっていたりします。夜、ベランダに出て、なにげなく空をみあげたら、とても大きな星が、何かをこちらに告げるかのように、キラキラッとまたたいたりします。

ときには、家の玄関の前やマンションの廊下に黄金虫がいて、絶対にあなたの目に入るところにいて、何日もそこをどかないということもあります。

また、なぜか、夜、部屋の照明に気になる点を発見し、よく見てみると、なんと！どこから入ってきたのか、可愛い七星のてんとう虫がいたりするのです。

外出しようと、外に出たとたん、どこからともなく黄色い蝶が現れ、またたくまに2、3匹きて、それが、あなたのまわりをつかず離れずの距離でうれしそうにひらひら飛び回り、道を先導するかのようについてくることがあります。そして、突然、どこかに消えるのです！

ときには、真っ白で大きな、ふわふわした、ケセランパサランが突如現れ、あなたがじっと見ていると、目の前まできて、その瞬間、空高く舞い上がり、太陽の光と一体化したかと思うと、パッと消えることがあります。

これらは、すべて、「幸運の流れ」「奇跡の展開！」「思いは叶う！」「最高の結果！」「さらなる飛躍！」「すごいチャンスがやってくる！」「幸運と富がやってくる！」「活躍の場が与えられる！」「人生、思い通り！」など、とても縁起のいい吉兆サインです！

これは、神様があなたの人生の幸運を予告し、パワフルに応援しているという、とてもうれしく、ありがたいサインなのです！

そうして、こういったものに出逢ったあと、あなたの心境はかなりポジティブに変化しており、そのあと実際、あなたには、うれしい知らせ、感動的な出来事、望んでいた結果、さらに良い流れ、素晴らしいチャンスがやってくるのです！

数字が示す運命のゆくえ

そこにあるのは、確実性だった！☆
ユニークな神の表現をマスターせよ

神様は、いつでも、どこでも、手軽にあなたに伝えたいことを伝えているものです。そのユニークなやり方に、あなたが気づけば気づくほど、神様はジョークのように、そういうものをポンポンこの日常に放り込んできます。

それは、まるで、あなたと会話をするのが楽しいかのような、ゲーム感覚にも似たものです。

たとえば、神様は数字を介して、あなたに何かを語りかけるのが好きだったりします。日常の中で出逢う数字、たとえば、目の前を走る車のナンバープレートや、電車の切符、コンサートのチケット、何かしらの注文番号などからも、メッセージを投げかけてくれるのです。

しかし、その数字の象意を知らなくては、意味を理解することができません。というわけで、ここでは、神様が日常的に投げかけてくる数字のメッセージの意味について、お伝えしましょう！

ちなみに、神様が数字を使って話しかけてくるとき、その数字は、たいがい、３桁以上の同じ数字のぞろ目になっている場合が多いものです！　３桁よりも、４桁のほうが、そのメッセージの意味合いも強まります！

《ユニークな神の表現☆数字のメッセージは、これ！》

★「１１１」または、「１１１１」

気持ちを新たに進みなさい。
過去を清算し、新たなスタートを切るときです！
旅立・出発・スタート・心機一転・出直すとき！　やり直しは成功する！

★「222」または「2222」

自分の土台を築くときです！　土壌を耕しなさい！　自己の内側を育みなさい！
心に秘めたる願い・夢・目標は、叶うことになります！
ビジョンと計画とをしっかり持ち、実行あるのみ！

★「333」または「3333」

日の目をみるときです！　世に出て、大きく活躍できる好機の到来！
パワフルに進みなさい！　動くのはいまです！
ビジネスチャンスが訪れる！　活躍の場が与えられる！

★「444」または「4444」

待ち人は、必ず来ます！　信頼するに値します！
恋愛・結婚運が良くなっています！　良い人に恵まれ、幸せになれます！
人間関係がものをいう！　かかわるすべての人を大切にしてください！

★「555」または「5555」

勢力旺盛・勢いあり！　あなたのパワーでこの運命はみごとに乗り越えられる！
自分の力の使い方に注意！　独断的に、破壊的にならないように！
大きく物事が動きだします！　必要な準備はしっかりやり、気を引きしめてGO！

★「666」または「6666」

大いなる神仏のご加護があります。何も心配いりません！　安心して進みなさい。
多忙を極める活躍あり!!　地位と名誉と財産を手に入れる！
スピード成功！　いまは全身全霊でことにあたること！　すべて報われる!!

★「777」または「7777」

うれしい出来事あり！　楽しい人生の到来!!　幸運の波に乗れる♪
金運上昇!!　入ってくる、出て行く、動きはあれど、大きなお金をつかめる！
気分上昇！　運気上昇!!　幸せが向こうからやってくる♪

★「888」または「8888」

良い変化あり♪　起死回生！　完全復活が叶う！
ここから、人生が好転します！　すべてはめでたくハッピーエンドに！
本物の成功がおさめられるとき！　良いもの・価値あるもの・財を受け取れる！

★「999」または「9999」

インスピレーションが高まるとき！　直感・閃き・アイデアがあなたを救う！
あなたのユニークな個性・オリジナリティ・独創性を生かしなさい！
才能・人間的魅力・実力がまわりに認められる！　光り輝く人生の到来!!

このような数字に出逢うとき、たいがい、あなたの中には、誰にも言わないけれども秘めていること、思い悩んでいること、どうしようかと決めかねている特定の何かがあり、その方向性を迷っていたり、不安になっていたりするものです。

そういう内なるあなたの〝揺れ〟を察知したとき、神様は、ダイレクトに、力強く、あなたにメッセージを伝えたいと、このような数字を出現させるのです！

そのとき、その数字は、ふと、目の前に偶然現れるもので、あなたがきょろきょろどこかを見まわして、故意に探して見つけるのではありません。本当に、ふと、突然、目に飛び込んでくるという現れ方です。

信号待ちで止まった目の前の車にその番号があったり、街中を歩いていたり、どこかの場所に座って、なにげなく、横を見たときに、そこにあるのです。そう、偶然に、いや必然的に!!

また、その数字の持つメッセージは、そのときまさに必要なメッセージであり、あなたは、絶妙なタイミングで、それに出逢うことによって、一瞬で目が覚め、心が決まるものです。

そのとき、壮大な宇宙全体が、自分のすべてを知っており、大きなエールを贈り、神様とともに、夢や人生をあと押ししてくれているのがはっきりわかり、泣きたいような、ありがたい気持ちになるものです。

ふと耳に入る〝特定の言葉〟の不思議

神様は他の人にも代弁させる！
それは、自分の中にごく自然に入る

神様は、ときどき、人の口を使って、あなたが聞かなくてはならない言葉を伝えてくることがあります。

それは、通りすがりに耳に入ってくる知らない人が口にする言葉、喫茶店で隣に偶然座った人たちの何気ない会話、誰かが何かを叫ぶ声などです。

あるいは、ふとラジオから流れてきた言葉、なにげなくつけたテレビで最初に発せられた言葉など。

そのとき、たいがい、その言葉は、明瞭《めいりょう》に聞こえるものであり、たったひとことになっているものです。ときには、同じ言葉が何度か連呼されることもあります。

たとえば、あなたが、考えごとをしながら歩いていて、「いったい、どうすべきか」と途方にくれていると、すれ違った人の会話が耳に入ってくるわけです。

そのとき、その人たちが話していた前後の会話はまったくわかりませんが、たったひとこと、こちらが聞く必要のあった言葉だけがいっそう大きな声となって耳に入ってくるのです。

「だから、それは違うって」とか「それでいいんだよ」とか、「悩む必要もないよね」などと。また、「電話したら？」「明日、さっそくやれば」「相手も同じ気持ちだって」などと、何かをあなたがわかり、決心できるような言葉だったりします。

また、「それがさぁ、願いが叶ったんだよ、私！」「そう、うまくいっているの！」「めっちゃ、うれしいことあってさぁ」など、あなたが望む結果を手にしたときに吐くセリフを、前もって、聞かせたりします。

また、あなたが何かしらを夢みて、トライして、先がどうなるのかとやきもきしているとき、なにげなくテレビをつけたとたん、「人生、思い通り♪」「最高傑作!!」「勝利はあなたのもの！」「成功まちがいなし！」「奇跡が起きたのです！」「祝福のあらし♪」などと、出演者がそうひとこと叫んだり、そんな言葉が字幕テロップとして出たり、するのです！

それを偶然見たあなたは、自分がその方向に進んでいいこと、その夢の結末を心配しなくていいことが確信でき、そこから本気モード全開で、本領発揮し、みごとに、うまくいかせてしまうことになるのです！

ときには、未練があり、あきらめきれない、誰かや何かを無理に自分から引き離そうとしていて、勝手に苦しみ、落ち込んだ気分でいるとき、気分転換にと、ふと外に出たとたん、どこかの見知らぬ子どもが大きな声で、「そんなの、いやだ！」「ママ、そんなこと、しないで!!」などと、泣き叫んでいるのを聞いたりするのです。

それは、まさに、あなたの姿そのものであり、あなたは、ハタと、自分が無理しているこことや、まちがった形で誰かや何かと離れようとしていたことに気づき、もっと良い別の考え方ややり方を持つ、きっかけを得るのです。

また、ときには、喫茶店に入って、たまたま空いていた席にすわると、そこに、何かしらのポスターが貼っていて、「復活と再生」「甦《よみがえ》りの旅」「思い通り！」などというコピーがあったりします。

それを見て、あなたは自信を失っていた自分に、再び自信を取り戻させ、元の元気な自分、輝かしい人生を、復活させることができるのです！

こういったものに出逢うとき、あなたのふれるもの、目に見えるもの、そばにあるもの、近くにいる人、偶然通りかかった人……すべてが、あなたを後押しする神様のお使いのように感じるものです。

そうして、実際、あなたを取りまくすべてが神聖なるものであり、神秘であり、あなたを目に見えない世界から応援し、サポートし、力づけるものとなっているのです！

真夜中、あなたは、神秘的な夢をみる！

忘れられない鮮明で色鮮やかな夢が、
あなたの奇跡のもとになる！

ときに、神様は、あなたが眠っているときに、夢の中に現れて、すごい「お告げ」をくれることがあります。

たとえば、空中を歩く、山の頂からむささびのように飛び降りてゆうゆうと空を飛ぶ、ピアノをすごく上手に弾いて歌を唄う、大勢の観衆の前でなにかを演じる、などの、リアルな感覚のある、インパクトあふれる夢を見せて。

その夢を通して、あなたの中にある可能性、才能、何かしらの特技や実力、大物になりえること、望む人生が叶うものであること、叶えたい道へ堂々と進むようにと、教えてくれているのです！

また、実際にはありえないようなことをしている夢を見せて、それがどれほど素晴らしいことで、そんなことができるあなたが、ふつうの人ではなく、偉大な何者かになりうる人物なのだと、それを自覚せよと、気づかせてくれているのです！

また、そういう夢は、たいがい、現実にはやれないようなパフォーマンスであることが多いわけですが（空中を歩くとか、水の中で生活しているとか）、夢の中ではそれをパーフェクトにこなしてしまえるわけです。

その夢の中では生々しい感覚さえもあり、あなたはその感覚を夢の中で刻み、大きなことができる自分をつくる〝現象化のタネ〟を、夢の中から現実へと持ち運んでくるのです。

そうして、その後、本当に不思議な流れで、ひょんなことから、あなたはすごい存在になるものです！

また、神様は、もっとはっきりと、あなたへの守護とエールを示すために、龍神や、神の使いの大蛇や白へび、鶴、亀など、吉祥を示す動物や、天女、観音さま、不動明王、お地蔵さまなどを、夢の中に現すこともあります。

ときには、自分が本当は、天女や観音さまであったという天界での姿に戻った夢を見せてくれることもあります。

そういった夢を見るとき、あなたには大きなお役目があり、ぼちぼちその任務を担うことになり、それによって他の人々を救い、社会に役立つ人になるのだと、自覚させられることが多いものです。また、そのあと、あなたの運が急に上向きになり、うまくいく人生に入り、飛躍成功し、富貴繁栄するものです！

ときには、自分が死ぬ夢や、子どもを産む夢、赤ちゃんを抱っこしている夢や、仏様の像をつくっている夢を見せることもあります。

それによって古いものを捨て、新しいものをつかみ、いまこそ甦りなさい‼　と、伝えてくれていたりします。

また、夢の中に、姿はないのに声だけで神様が現れ、その声が「神様の声」だとあ

なたははっきり自覚できる形で、重要な話、大切な教え、本に書くべき内容、やってくる大きな仕事やチャンスについて、知らされることがあります。

実は、何を隠そう！ 私のベストセラー本には、夢の中で伝えられたタイトルや、見せられたカバーを、私が覚えていて、それを担当者に伝え、そのまま再現したことで、売れたものが多々あります！

神様の声は、お告げであり、他の人にはわからないけれども、あなたにだけ確信できる、明確なことがあり、それによって、たどりつくべき場所へと、あなたを導いてくれているものです！

しかも、神様は、あなたにメッセージやお告げを与えるタイミングを一切まちがうことはありません。すべてがベストタイミングであり、あなたの心の中にあるものとリンクするものであり、現実的にシンクロニシティ＝共時現象を呼ぶものとなり、運命を好転させるものとなっています！

神様は、本来、あなたを楽に進ませる♪

楽にスイスイ・円滑現象・シンクロニシティ・
幸運の流れが守護サイン！

とにかく、わかっておきたいことは、「本来、神様は、あなたを楽に前に進ませる！」ということです！

そのために、神様は、あなたの内側にいて、さまざまな思いや感覚を抱かせ、日常のあらゆる場面で、必要なサインやメッセージや気づきを促し、導いているのです。

そのとき、**スイスイスムーズ、円滑に、軽やかに、よろこばしく前に進むことが、あなたの〝ふつう〟のことであり、神様と自分がつながっているサインであり、正しい方向に進んでいる証拠だと、覚えておいてください。**

いつでも神様は、楽にスイスイあなたを進ませるのが好きで、円滑現象を起こすのが得意です！　また、思いもよらぬ幸運の偶然であるセレンディピティや、心と出来事の共時現象シンクロニシティや、奇跡の具現化が、大好きであり、それをあなたに遠慮なくどんどん受け取ってほしいと思っているものです！

また、神様は、あなたが何かを叶えたいと、ピュアに素直に突き進んでいるとき、協力者や必要な資金や、すごいチャンスをどっさり投入させ、サポートするのも大好きです！

とにかく、神様は、あなたがする必要のない苦労や試練を無駄に与えたりせず、極力、軽やかに、スムーズに、順調に、あなたを導きたいのです。

そもそも神様は、愛と慈悲であり、光であり、祝福であり、感謝そのものの高貴なるエネルギーであり、それは、辛いもの、暗いもの、しんどいものを、まったく持ち合わせていません。

それゆえ、あなたに対して何か故意に厳しくしたり、辛いことや試練を与えたり、壁を立ちはだからせたり、苦労の下積みを続けさせたりして、スパルタ式にあなたを育てるというような人間レベルの鍛え方など、一切、しないものです。

ただ、優しく、あたたかく、包み込み、サポートするのみです！

というわけで、あなたに絶対に覚えておいてほしいことは、本来、神様は、あなたを楽に進ませるということです。これを肝に銘じておくことはとても大切なこと！

さもなくば、あなたは、つまずきながらや、問題を抱えながらや、辛がりながら、自分の〝ふつうレベル〟の人生を悪い状態、低いレベルで、見積もることになるからです。そうなると、楽に進むことが当然とは思えない、なにかとやっかいな状態を呼びがちな人になってしまうからです。

いいですか！　物事はごたごたしたまま進むのでも、邪魔が入りがちなものでも、やっかいなことを抱えながら成り立つのでも、ないということですよ。

そんなことを、自分の〝ふつう〟だとしていると、あなたは不運慣れしてしまい、〝幸運は、めったに来ないもの〟になってしまいかねません。

けれども、楽に進める状態、良い状態が、つねに、自分にとっての〝ふつう〟のことであると知っておけたら、もし、よくない状態がやってきたときには、あなたはそこで、その状態を「おかしい」と思え、「ハッ」と何かに気づけ、すぐさま必要な改善や修正ができ、いつもの、楽に進める状態、良い状態に立ち戻りやすいのです。

なにをするのも、楽で、スイスイスムーズに進んでいいわけです！　幸運な流れの中にいていいのです！　それを、「よし！」とできない理由は、どこにあり、どんな罰を神様があなたに与えていると考えているのでしょうか？

いつでも、あなたが自分の中の神様とうまくつながっていられたなら、そう、心の声を聞き、現象として現れるサインをみつけ、それをみかたにつけ、よろこばしく望む場所へと進むならば、すべては、スイスイスムーズになるしかありません！

というのも、そのとき、あなたは神様と同調するからです！　同調すると、摩擦がなく、抵抗がないので、すべてはスイスイスムーズに快適にいくのです！

なにも、心配しないでください

取り越し苦労をする人は、自ら不運を呼び込む人!?
思考に注意あれ

本来、神様は、あなたを前に楽に進ませます。あなたと神様が同調するとき、すべてが円滑に、スムーズに、うまくいくのです！

それゆえ、**日頃から、神様と同調する精神を持っておくことです。その、神様と同調する精神とは、愛、よろこび、うれしさ、希望、感謝、祝福です。また、神様と同調する態度は、柔軟、優しさ、親切、素直、平和、調和、自然体です！**

そういった状態をあなたがうまく保つためにしておきたいことは、「とり越し苦労」と、「心配」を、やめることです。というのも、それらがあると、前述のような精神や態度は、すぐに打ち崩されるからです。

とにかく、心配性になってはいけません。まだ、起こりもしないことを、まだ何も起こっていないうちから「こうなったらどうしよう」と思い悩むのは、何の意味もありません。そればかりか、それは、まさに、「そうなってほしい」と、願っているようなもので、自分がそれをこしらえる人になるだけです。

自分がそんなことをしておいて、「神様は私に厳しい」「怖いことしか起こらない」などと愚痴を言うのはやめましょう。あなたが、何かを心配するのをやめたら、心配なことは、何ひとつ起こりません！

心配ごとが多い人は、何につけても心配するくせを持っているだけです。それは、くせなのでやめられます。ただ、「私は、あれこれ心配するのが好きなんです」というなら、もう、言葉もありませんが。

心配しているとき、人は、心配することでその問題をなんとかしていると思い込んでいるものですが、とんだ勘違いです。心配すれば心配するほど、それはふくらみ、大問題になるだけです。
なんでも、自らおおごとにしてはいけません。おおごとだと思うから、解決できないと思い込み、必要な対応をしなくなるのです。こんなことは、たいしたことない！　まぁ、なんとかなるはず！　という意識で、必要な対処をすれば、それなりに物事は動き、状況は変化し、現実は改善していくものです。

心配ごとを解消する最も良い方法は、まず、心配するのをやめ、「かわりに安心できる」考えや言葉や行動を自発的にとることです！　それしかありません。

また、あなたの中に、なにかいつか悪いことが起こりそうだというような、いい知れぬ恐れがあるとしたら、それは、あなたが、神様のほうを向いていない証拠です。
神様に自ら背を向けるとき、人は、不安を増長させるものです。しかし、神様は、あなたが背を向けても、ずっとこちらを見守っているもので、早くそれに気づき、安心してほしいものです。

あなたの中の神様は、全知全能であり、みかたであり、守ってくれる存在だという全幅の信頼を持って、愛するとき、神はそれにはっきりと応え、あなたのすべてを守ってくれます！

そのとき、不安も恐れも消えていて、あなたは安心・安全・安堵の境地を手に入れることでしょう！

さて、自分の中にある恐れに気づいたなら、いつでも、自分が神様から離れたのだと気づいて、すぐに神様のほうを向いてください。あなたの中にいるわけですから、心に向きあえば、すぐにつながれます！

また、恐れの大きい人は、まず、今日から、信じる気持ちを持つことです。

何を信じるのかというと、すなわち、それは、「私はつねに神様に愛され、守られ、大切にされている。それゆえ、自分はなにをやってもうまくいき、結果は良いものであり、毎日幸運でいられます！」ということです！

そういう信じ方ができるようになると、あなたは誰に何を言われなくても、内側から明るく元気になれ、自分のやりたいと思うことに素直に向き合え、必要な努力を正しく行える人になります。

結果を気にせず、プロセスを楽しめ、やるだけやろう！　という意欲のある人になれ、タフに、優しく、イキイキと、輝いて生きていけるようになります。

そして、そういうあり方をしていくからこそ、安心、安堵《あんど》でき、神様とますます絆が強まり、ますますうまくいく人になるのです！

ときに、神社の神様に会いに行く♪

あなたを守りたい理由が、神様のほうにはある☆
謹んで招かれよ

神様はあなたの中にある生命力というエネルギーなわけですが、最初のほうの項でもお伝えしましたように、あなた以外の生きとし生けるすべてのものや、森羅万象、自然界、神社にも、神様は宿っています。

そして、ここでお伝えしたいのは、特定の神社の神様についてです。

そこには御祭神というものがお祀《まつ》りされています。天照大御神《あまてらすおおみかみ》や、豊受大御神《とようけのおおみかみ》や、大物主大神《おおものぬしのおおかみ》、天之御中主大神《あめのみなかぬしのおおかみ》などなど……。

なぜか気になって訪ねる神社や、自分が惹かれる神様などは、あなたと縁のある、波長の合う神様であることが多いもので、最初、導かれて行くことが多いものです。

たとえば、神社や神様に興味を持っていなかったのに、たまたま友人に誘われて行くことになったとか、インターネットで調べごとをしていたらひょんなことから、たまたまその神社を知ることになったり、本で読んでからむしょうにその神様に会いに行きたくなったり、というように。

そういうとき、**あなたは、「自分がその神社に行っている」のではなく、神様に呼ばれて導かれている！　ということです。神様は、守ってあげたい人を、お招きになるのです。「おいで♪」と。そして、そこで、そのご祭神特有の、ユニークな、個性あふれる、素晴らしいエネルギーをお分けくださるのです。**

自分が崇敬する神社の神様を大切にすると、ありがたいことに、なにかとお導きやご加護があり、おかげをいただけることがあります。

ただし、おかげやご利益《りやく》がほしいからお参りする！　という利害関係で、神社とつながろうとするのは、よくありません。

そもそも、その神様に惹かれる、好き、大切にしたいという気持ちがあり、敬う気持ちがあってこそ、おかげも自然と受け取らせてもらえるものだからです。

たとえば、お札《ふだ》をいただいてかえってきたなら、できれば、清浄なる場所で、お札やお社《やしろ》は目線より上になるようにし、北（もしくは北西）に置いて「南向き」になるようにするか、西に置いて「東向き」にして、神様が〝陽の昇る方向を向けるようにお祀りさせていただきます。わが家に来てくださったことをよろこび、感謝し、ていねいにお祀り申しあげましょう。

その際、水、酒、粗塩、お米をお供えし、毎日取り換えたいもの。

そうお伝えすると、なかには「えっ？　毎日、それ、あげるんですか？」などと、じゃまくさそうに言う人がいるものです。が、おかしなことです。それ、あなた、何を言っているのかわかりますか？

もし、神様が、「えっ？　私、あんたのこと、毎日守るんですか？」と、言ったとしたら、どう思います？　そういうことを言っているのと、同じなのですよ。「えっ、毎日、水を供えなきゃいけないんですか」などと言うというのは。

敬い、尊び、感謝があるからこそ、自発的に、毎日、「そうさせていただきたい」と思えるものであり、そうせずにはいられなくなるものです。また、そうしていることと自体が、うれしく、ありがたく、大安心なわけです。

ちなみに、「えっ、たとえば、それ、一週間に一回とか、一か月に一回とか、なにかあるときだけではダメですか？」などと、なんとかそれをしないで済むようにと聞いてくるような人もいますが、それも、神様を敬う気が乏しいものに感じられます。

そういう人に限って、あちらこちらの神社にご利益参りをしては、効果があるとかないとかをまわりに言いたがり、「あそこに行ったけど、別に何もいいこと起こらなかったよ、あそこ、ダメだよね」などと、神様をバカにしたようなことを平気で言うものです。それは、なんと、傲慢《ごうまん》で、恐れ多い態度か。

そして、そういう人は、本当は、神様が好きなのではなく、〝神様がくれるご利益〟

が好きなだけなのです。そのあさましさが、自分の品格を下げるものであると、気づきもしないわけですが。

しかし、こうお伝えすると、これまた、こんな屁理屈《へりくつ》を言う人もいるものです。

「えっ？　神様って、みかえりを求めないんですよね？　こちらに与えるだけの愛と慈悲の存在なんですよね？　だったら、こちらが水やお酒なんかあげなくても、いいんじゃないですか？　しかも、神様って、愛のかたまりで、罰をあてないんですよね？ならば、心の中でおがんでいたらいいだけですよね」などと。

そういう屁理屈をいつまでも言うこと自体、何も心で理解できていない証拠です。もちろん、心の中で思うだけでも神様には通じます！　充分、聞いてくださっています。心の中のすべてを！　そして、こちらがどうあろうと、守ってくださっています！

しかし、こちらに、少しでも本当に神様に対する敬いや、感謝や、愛があれば自然と〝行為となる〟ものであり、自然に、お供えものをし、ちゃんとさせていただきたいという気持ちと行為になり、謙虚な手のあわせ方になるということです。そうやって、神様とともに生きていく習慣がつくられていくわけです。

決して、それは、神事的な〝決まりごと〟として、義務でしているのではなく、心からさせていただきたいという気持ちで、そうなるだけなのです。

愛は、いつでも、行為となるものであり、心となんら矛盾がありません。

それゆえ、神様もあなたを愛せばこそ、あなたを無償で助け、守り、なんとか幸せに！　と、してくださるのです！

さて、あなたが呼ばれるままに、導かれるままに、ある神社や神様に向かうとき、神様のほうでは、ぜひともと、あなたを守りたい理由があります！

神様はいつでも、あなたがみなまで詳しく語らずとも、心中を察し、先に安心を与えようとしてくださるわけです。

そのために、あなたは呼ばれ、参り、安堵し、元気になって、家に帰って来るのです。そうして、そこから、何か悪いものがそぎ落とされたような清々しい気分で、物事に取り組め、前に進みやすくなるのです！

さて、「では、さっそく！」と、どこか遠くの神社に行くことを決めた人もいるかもしれませんね。しかし、家の近所の氏神さまにもごあいさつを。

最も自分の近くにいる、最も会いに行きやすい、その土地の神様である氏神様のご加護があってこそ、その土地、そこでの生活、その家での安泰が叶うものでもあるからです。

心願成就のためのステキな心得

正しく語りかけ、正しく成就する☆
そんな「お願いのしかた」とは⁉

神社や、自宅にお祀りした神様に、ときには、何か、願いを叶えてほしいと思うことがあるものです。

そのとき、人は「神様、どうか、〇〇を叶えてください‼」「どうしても、◇◇が必要です！」「なんとかしてください‼」と、懇願したり、泣きついたりする人がいるものです。

しかし、**神様は、すがるものでも、泣きつくものでもありません。いつも、ともにあるものです！**

願いを叶えたいというのなら、神様には、正しく語りかけ、正しく成就する人でいてほしいものです。そのための祈り方は、たとえば、こうです。

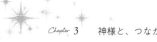

「神様、私は○○を叶えます。そのために○○し、努力しますので、どうぞお力添えをいただけますと幸いです。よろしくお願いいたします」

「神様、私は、○○を叶えるために、必要な努力をしてまいります。なにとぞお守りください。よろしくお願いいたします」

というように、先に、〝誓い〟を述べ、あとはおまかせするくらいの気持ちでいることが大切です。

実際、やることをやったなら、あとは、運を天に任せるしかないところがあるものですが、やるだけやるからこそ天に通じるのです。

忘れてはならないのは、神様があなたの何かを叶えるというときには、〝あなたを通して〟だということです。神様は叶える道筋を見守ってくださいますし、サポートもおしみなく与えてくれますが、自分の思いや言葉や行動によって、あなたはそれを現実に成就したまうのです!

さて、神様があなたを通して何かを叶えることができるのは、あなたと神様が日頃からつながっていてこそ、です。つきあいがあってこそ！

日頃、神様に見向きもせず、大きな守護をいただいていることを感謝しもしないで、困ったときだけ助けを求めるというのでは、いただけません。

人間でも、日頃まったくつきあいもない人から「お金を用立ててくれ」「私の夢を応援してくれ」と言われたら「はっ？」という話です。

しかし、日頃から親しくしていれば、「なんとか、この人の力になってあげたい」というのが人情というもの。

それと同じことが言えるわけです。日頃から、神様のほうを向き、大切に思い、敬い、守られていることを感謝していてこそ、つながりもでき、親しくもなれ、通じ合いやすくなり、願いも通じるというものです！

ちなみに、神様に何かをお願いする際は、1回お伝えするだけでよく、叶っても、叶わなくても、お力添えいただき見守っていただけたことにお礼を申し上げます。そして、1回お願いごとをしたら、必ず3回は、感謝の言葉を捧げたいもの。それが、礼儀正しいあり方です。

神様を〝お呼び出し〟する方法

神様に会いたいとき、話したいときには、
こうして呼び出しをかける！

あなたを守る神様は、あなたの中にあり、つねにつながっています。
遠くの神社にわざわざ出向かなくても、たとえ、家に神棚がなくとも！
そしてあなたは、いつでも、好きなときに、気になるときに、「神様！」と、ただひとこと言うだけで（心の中でも、口に出すのでも、どちらでもいい）、自分の中の神様を呼び出すことができます！

さみしいとき、悲しいとき、辛いとき、何かが怖いとき、助けがほしいときはもちろん、そばにいてほしいとき、安心したいとき、叶えたいことがあるとき、その努力の中にあるとき、やすらぎがほしいときなど、いつでも、たった、ひとこと「神様！」

と親しみと愛情を持って呼び出せばいいのです！
するとそのたびに、神様は現れ、あなたを光で満たします！

実際、「神様!!」と呼んでみてください。その言霊《ことだま》の威力で、そこにあった不安や恐れや不本意なものが、一瞬で消え、安堵が現れ、心に光が射《さ》すのがわかるでしょう！
そして、そこから何かが確実に変わるでしょう！

さて、「神様!!」と、たったひとこと叫んだことで、危機一髪のところを助けられたという経験が私には多々あります。

たとえば、阪神淡路大震災のときがそうです。ものすごい激震で、家の中の家具がバタバタと倒れ、ガラスが吹き飛び、上からいろんなものが落下し、すさまじい恐怖を体験したものです。
そのとき、大きな本棚のガラスが割れ、飛び散り、まさに子どもの寝ている上に落ちようとしていたのです。そのとき、私は「神様!!」と、とっさに叫び、瞬時に小さな三人の子どもの上におおいかぶさると、ガラスは落ちるはずのそこには落ちずに、なぜか、私たち親子を避けるかのように両端に分かれて飛び散ってくれたのです。おかげで、私たちは無傷で助かったわけです！

しかし、それはとても不思議でした。物理的にそんなことになるのかと。あれは、神様の助け以外は考えられないことでした。

また、あるときは、出かけ先から帰る際、大嵐に巻き込まれ……家族が運転する車がハンドルをとられ、川に転落しそうになったのです。激しい雨でワイパーも動かず、前が一切見えず、どんなにハンドルをきっても車は思う方向に動いてくれず……と、そのとき、対向車のライトが窓に当たり、ふと前を見てみると、私たち家族の乗った車が川につっこみそうな状態だと気づいたのです。そんなところに川が突然現れたのには驚きました。

しかし、容赦せず、車は滑り続け……もはやアウトかと思ったとき、「神様!!」と叫ぶと、川に落ちる寸前で突然、車は停止し、ことなきをえたのです！

そのとき、車内にはまだ小さな三人の子どもたちが乗っていたので、もし、あのまま川に落ちていたらどうなっていたかと思うと、ぞっとするほどでした。
「神様‼」と叫んで、車が川の寸前で止まったあと、私たちは車の中で放心状態でいました。が、「神様ありがとうございます‼」と手をあわせたとたん、急に、嵐は弱まり、車を動かすことができ、その後、無事、家に戻れたのです。

「神様‼」と言うとき、それは、一瞬で神に通じるもので、素早く神様は奇跡を起こしてくれます！　本当に魔法のような、不思議な力を、この言葉は持っているのです！

そして、この「神様」という言葉、なにかあるとき、神様を呼びたいときに、言うのもいいですが、たったひとこと「神様」と色紙か白い紙にでも書いて、部屋に飾っておくだけでも効果的！

部屋のムードがガラッと一変し、神聖なるエネルギーを帯びるのが、わかるもの！
そして、家の中が安堵に包まれます♪

さて、神様は呼べば内側から外側にも現れ出でて、つねにあなたのすべてを守ってくださっています。そんな神様が自分の中にいてくださるのだとわかった人は、つねに、平和で、おだやかで、優しい状態でいられるものです。

そういう人は、自分や他者やまわりの人とも平和に、おだやかに、優しくつながれ、調和しやすくなります。すると、なにかとうまくいく人になります。

それは、とりもなおさず、自己の内にある神を通して、他の人の内にある神や、まわりに宿る神とも、つながることができるからです！

そういう状態になれると、艱難辛苦《かんなんしんく》にあったとしても、何も困りません。すぐに、神の助けが現れ、人が現れ、素早く問題が解決していくからです！

Chapter

4

奇跡と恩恵に満ちる生き方

慈愛を持って生きる人は、
いつ、どこにいても、幸運に恵まれる！

神を拝んでも、親を怨《うら》む人は、幸せがつかみにくい

無償の愛で育ててくれた存在に感謝するとき、運も天もみかたする

神様を敬い、大切にするのと同じように、大切にしてほしいものがあります。それは、何か？　ズバリ、親です！

もちろん、自分自身を大切にするというのは、いうまでもありませんが、自分を生み、無償の愛で今日まで育ててくれた親や、一緒に育った兄弟姉妹も、大切にし、仲良くしてほしいのです。

ちなみに、家族と仲が悪い人は、他者ともうまくやれないことが多いものです。

さて、個人セッションなどを通して、人の相談ごとを聞いていてわかったことは、神様のことは好きで、よく崇敬神社に足を運んでいるが、実家には足を運んでいない、神様は好きだけど、親のことは嫌い、兄弟姉妹とは仲が悪い、という人が案外多くい

るということです。

そういう人は、たいがい、顔の表情が暗く、自分自身や自分の人生にあまり満足しておらず、愚痴や不平不満、文句、問題が多く、何かしらの不運を親のせいにしていることが多々あります。

しかも、驚いたことに、若い世代の人ではなく、もう40才、50才を越えているのに、まだ、自分が幸せになれないことや、好きなことをできないこと、結婚できないことを、親のせいにして、心の中で責め、何でもかんでも不運を家のせいにしている人が多くいたのには驚いたものです。

「親がネガティブなので、私もネガティブになりました」「親があれをするなこれをするなと口うるさいので、好きなことができませんでした」「親の世話があるので恋愛も結婚もできませんでした」「親が金持ちではないので自分も貧乏するしかありませんでした」と。そして、「なんでこんな親のもとに生まれてきたんでしょうか?」などと言う始末。

それ、本当にそうでしょうか?

親がネガティブでも、「自分はポジティブに生きよう♪」「親は制限的だけど、自分は自由に人生を楽しもう♪」「親は、親。私は私。大切な人生をしっかり生きよう！」「親が病気がちだからこそ、早く結婚して、安心させてあげよう」と、そう思い、そう生きることも可能だったはずです。

親は、いつでも、わが子の幸せを望んでいる存在で、不幸になってほしいなどとは思ってもいないものです。親はわが子がどんなに出来が悪くても、やはり、よそのどんな子よりも、わが子が可愛いものです。

たとえば、あなたの親が、もしかしたら、あなたより、精神的に未熟だったり、大人げなかったりすることもあるかもしれません。しかし、それでも、懸命にあなたを育てあげた、感謝すべき人であることは、まちがいありません。

人間は、オギャーと生まれてくるとき、何も持たないまる裸の状態で生まれてくるわけです。そのとき、初めてまる裸のあなたを抱き、迎え入れ、おっぱいを飲ませ、洋服を着せ、いろんなものを与え、必要な環境を整えてくれたのが、親なのです。
親に愛がなければ、あなたは大きくなれなかったのです！　それを思えば、感謝なのです。

親を嫌いながら生きるというとき、自分自身や自分のルーツを否定することになり、嫌うことになり、自分を親から誕生させた神様をも否定することになりかねません。

あなたからみたら、親が親らしいことをしないから嫌いだ！　と感じるところや、未熟なところがあったとしても、まぎれもなくあなたを大切に育てた人なのです。親もまた、あなたを地上に降ろすミッションを果たした、かけがえのない存在なのです。

たとえば、こちらが仲良くしようとしているのに、親がこちらを毛嫌いし、いじめるとしたら、その親を大切に思うのはなかなか難しいことかもしれません。辛さが先に立つわけですからねぇ。

しかし、それでも、こうして、地上に降りてきて、あなたが生きられること、望む人生に向かっていける今世の可能性をくれた人だと思い、遠くからでも祝福するならば、きっと親に通じるものがあり、親もまた気づきを得て、より良く変わることもあるものです。

ハングリー・ソウル☆そのミッションをみる

障害を持つ子は我が家の神☆
その子が救世主！　皆で大切にせよ

もし、あなたの家庭に、なにかしら障害をもって生まれて来たお子さんがいらっしゃるとしたら、その子をどうか家族みんなで愛し、大切にしてください。その子は、天、神様からのＧｉｆｔであり、宝物であり、守護天使そのものだからです！

彼等は、「ハングリー・ソウル」と呼ばれる、勇敢な魂を持つ光の存在であり、天使であり、崇高な存在です。また、家族や社会に大切な気づきと改善と幸福をもたらす存在です！　愛と勇気をもたらすミッションと役割を持っている存在でもあります。

その最も尊い魂のミッションのひとつは、〝最も弱い者でさえ、最も生きやすい、愛にあふれた平和な社会〟を、この地上に叶えることです！

彼等は、天界にいるときから、チャレンジする精神を高めており、勇敢に物事に挑む意思を持っており、自分がいかなる状態で地上に降りるべきか、その運命を選び、生まれるための親を決め、オリジナルな愛にあふれた人生計画を遂行しようとしているのです。

また、彼等は、勇敢であるばかりでなく、清らかな聖なる存在でもあり、その家の先祖代々のすべての因縁を一手に引き受け、消滅させ、脈々と続くその家系の「大浄化」を担っているものです。

それゆえ、その子を家族みんなで大切にしなくてはなりません。彼等がすべてを担ってくれたおかげで、あなたが、家族の他のものが、大いに救われることがあるからです！

また、家系の「大浄化」が行われると、カルマが消え、すべてのエネルギーがクリアになりますので、その家庭に次々と良いことや、恩恵が訪れるようになります！

「ハングリー・ソウル」の勇敢な子がいる家庭では、突出した著名人や、社会的に大きな影響を与える人、善行を行う人たちが、出てきたりします。何かしらの才能や実力を発揮し、世に感動を与えたりする家族も出ます。

ときには、「ハングリー・ソウル」のその子自身が、素晴らしい才能や実力やオリジナルあふれる世界を開花させ、世の多くの人々にそれを感動的に披露し、大きな勇気と、素晴らしい恩恵を与えることがあります。また、未熟な社会の何かをまわりに気づかせ、より良く成長させたりもします。

そうであるにもかかわらず、障害を持つ人たちに対して差別的な発言をしたり、家族自身が大切にする方法をわからずにいたりすることもあるものです。

しかし、本当に彼等が神様からの贈り物であり、宝物であることを悟り、感謝し、愛し、大切にしている家庭のお母さんは、太陽のように心が明るく、顔もニコニコ明るく、タフで、ポジティブで、たくましく、でーんとかまえているものです。いつも、安定した状態でいて、その子どもをも安定した状態にしていられるものです！

さて、私自身も、障害のある子を育てていますが、可愛くてしかたありません。彼は天使のようにピュアで美しい、優しい心を持っており、そばにいるだけで癒されます。

そして、「ああ、この子が、私の子でよかった♪」と思うし、「よくぞ私を母親に選んでくれた!!」と感動で、うれしくて、なりません。

そして、「今度生まれてくるときも、絶対にママのところに生まれてきてね♪」というと、彼はうれしそうに「うん♪」と言います。

そんな彼は、私たちからみれば不自由なことも多いでしょうに、私が落ち込んでいるときには、すぐさま励ましの言葉を贈ってくれます。誰に教えてもらったのかというような、とても深く優しい愛に満ちたメッセージをとっさにくれるのです。その言霊のなんと素晴らしいことか!

そんな彼の口ぐせは、「ボクは、幸せ♪」です! 何度聞いても「ボクは、幸せ♪」と、言います。

そして、彼のピュアな「幸せ」という言霊を聞くだけで、辛いことがあった日でも、私はいっぺんに元気に幸せになれます！

そんな彼はときおり、ポツリとひとりごとを言うことがあるのですが、そのセリフがとてもユニークで、書き留めたことで、それが何冊か本になったこともあります。

彼等は、私たちが見えていないところまで、繊細に視えているのですが、それは、心の目がふつうの人よりひらいている証拠でしょう！

それゆえ、もし、何か、彼にうそを言うことがあるとしたら、そんなことは私にとっては至難のわざです。正直にならざるを得なくなります。すべてを見透かされているようで。

大きな気づきを、ごく自然に家族に与える彼等は、もしかしたら、神様のお遣いなのかもしれません！

さて、以前、私の講演会に、障害を持つ子がいるのだと、泣きながら相談に来た人がいました。私は彼女に言いました。

「あなたの泣く理由がわからないわ。なぜって、どんな子も、〝可愛いわが子〟でしょ。

可愛いでしょ？」と。すると、彼女は、「はい。とても可愛いです……何も問題ではなかったんですね」。

「問題は、その子ではなく、その子に対する、あなたのとらえ方ではありませんか？
彼は何も悪くない。ただ、あなたを愛しているし、生まれてきたことは祝福だし、あなたを選んでくれたのよ、彼は！」そう伝えると、突然、彼女は、なにかがふっきれたかのように、涙をぬぐい、笑顔になり、こう言ったのです。

「わかりました！　先生、ありがとうございます！　私はこの子が生まれたとき、授かって、本当にうれしかったんです！　宝物なんです！　それを思い出させてくれて、ありがとうございます！　家族みんなで大切にします！」と。

体やどこかに違いがあったとしても、魂は、同じです！　誰もが神の子であり、天という大元でひとつにつながっているのです！

尊さは同じです！　尊さは同じです！　尊さは同じです！

家のカルマ終了のサイン‼

継ぎ続けなくてはならない理由はあるのか⁉
その、天の計画とは⁉

この世の中には、恋愛や結婚が思うように叶わないという人がいるものです。

そして、なかには、「私がひとり娘（ひとり息子の場合もある）なので、どうしても、家を継がないといけないんです。私で家が途絶えてはいけないんです‼　なのに、結婚相手がいないんです！　いったい、どうすればいいですか⁉」と悩んで、血まなこになって、お相手を探している人がいるものです。

しかし、**わかっておきたいことは、自分の代で、そこで、その家系が終わるというとき、それは、その家の「カルマ終了」のサインでもあるということです。**

家系が途切れる、終わる、滅びる、ということではなく、「終了」なのです！

私たち人間は、生まれてくるとき、ＤＮＡの中に、祖先のもつユニークな個性や、特徴や、良い因縁も、悪い因縁も、すべて抱えて、生まれてくるのです。

が、あなたがそこでひとり身でいて、もう、子孫を残さないということは、それ以上、因縁を残す必要もなくなるわけです。

つまり、**完全に「カルマの終了」が訪れ、あなたがた祖先の霊魂のすべては、もう、辛いこの地上に降りてくることもなくなり、永遠の天国である天界の光の世界で過ごせる魂たちになったということです！**

生まれてくることは、魂の修業なのです。この地上のほうが苦しいわけです。魂にとっては！

魂は、そもそも光であり、エネルギーですから、人間と同じような「体験」がありません。エネルギーの世界というのは、何かを意図したら瞬時に叶う世界だからです。

魂は、現状のエネルギーのままでは自分の魂を磨き高める術《すべ》がありません。
それゆえ、あえて、地球を選び、降り立ち、人間になり、人間特有の「体験」を通して、自分の魂を高めることをするわけです！

そもそも、神様の望みは、個々の魂が、個々によって、磨きあげられ、高められ、さらに高い周波数のエネルギーになり、強い光を放ち、地球のエネルギーレベルを引き上げたい！　ということです。

地球を浄化し、宇宙の波動を高めることが、目的なわけです。

さて、あなたが家系を継げないことを、子孫を残せないことを、悩む必要はなかったのです。それよりも、この地上ラストの子孫として、この自分ラストの人生を、先祖の分まで、思い切り、自由に、楽しく、エンジョイし、自分らしく輝いて生きればいいのです♪

結婚する・しないに関係なく、異性と知り合えたなら、仲良くすればいいし、知り合うことがなかったとしても、それ以外にも幸せを感じられるものは、多々あるはずです。

「家を継ぐ」ことだけに執着するから、自分のいまの生き方がおかしくなるわけですから、そういうことをやめ、気にせず、もっと楽しい方向に気持ちを向かわせ、人生を自由に楽しむことが大切なのです。

神様は、あなたがどんな生き方をしようが、その中で、めいっぱいあなたを守り、より良い方向に導き、守護してくれます！　それゆえ、安心して、自分なりの人生を送ればいいのです。何にも、こだわらずに！

こだわりだすと、執着と苦しみが発生し、それが、まさに、「負のカルマ」を発生させることになるわけですから。

運命の人とは、こうして出逢う

パートナーの見つけ方!?
それは、見つけるのではなく、現れるもの♪

本書を読んでおられる人の中には、「恋人がほしい！」「運命の人とめぐり逢いたい！」「結婚相手と出逢いたい！」と、望んでいる人も多くおられるのではないでしょうか。

そして、なかには、そういう思いから、あせって出逢いを求めて、あちらこちらのパーティーに行ったり、必死で婚活をしたり、誰かに紹介してもらったりしている人もいるかもしれませんね。

一見、それは、出逢いの方法として、まっとうそうで、手っ取り早く、叶う近道にみえるものです。しかし、実は、そういうことをすればするほど、出逢いは逃げていき、なんら良い結果をくれないものです。

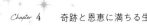

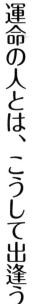

運命の人は、そもそも、探すのをやめると現れるものだからです。いや、むしろ、探していないときにこそ、素晴らしい相手に出逢えるものです！

あせって、必死で誰かを求めるとき、皮肉なことに、あなたからは、魅力的なエネルギーは放たれません。また、「私にはパートナーがいない!!」「なんとかしたい！」「相手がほしい!!」と深刻になればなるほど、欠乏感あふれる波動を放つことになり、それがかえって、パートナーを遠ざけてしまうものです。

欠乏感の波動を放つと、欠乏している状態がそのまま続くだけです。それゆえ、本当は、まず、欠乏している（私には相手がいない！　ずっとひとりだ）というような意識を捨てる必要があるわけです。

しかも、そもそも、相手を必死に探すのは、あなたの仕事ではありません。

恋人や、運命の人、結婚相手との出逢いなど、人と人との出逢いを叶え、両者を引

き合わせるのは、つまり、「ご縁」をつくるのは、神様の仕事だからです！

あなたの仕事は、目の前にその人が現れやすくすること、だけです！

さて、では、現れやすくするには、どうすればいいのでしょうか？

答えは、あなたが、自分を好きでいて、認めており、自分らしく個性的にイキイキ光り輝いて生き、一生懸命に自分という花を咲かせることです！パートナーがいる・いないにかかわらず、ふつうに日常を楽しみ、自分自身や自分の人生に満足していることです！

他のカップルをみて、嫉妬やねたみを持つのではなく、ほほえましく感じられる人でいて、その幸せを祝福し、幸せそうな空気をわがものとして、よろこばしく共感できる人でいることです！

そのとき、あなたからは、とても豊かで素敵ないいオーラが放たれ、キラッと光る存在になります！

その光のサインをもとに、神様が、「〝縁結び〟するのにふさわしい時期」であることを察知し、あなたの生活フィールドに、そのときあなたが出逢うにふさわしい人を投入してくれるのです！

あなたの生活フィールドの中に投入される人は、神様と同じく、あなたの光を感じとるものです！　そして、ほどなくして、その人はなんらかのきっかけや出来事を通して、あなたの目の前にふつうに立っていることになります！

そして、二人は、必要な何かを話したり、行ったりして、自然に仲良くなり、どちらからともなく誘うようになり、つきあうことになるのです！　ほんとうに、それは、ごく自然に！

そのとき、相手もまた、自分らしく輝いて生きており、いいオーラを発しているもので、たいがいは、あなたと同調する同じ波動レベルの人で、同じ魅力レベルでいるものです。また、おもしろいことに、惹かれ合う二人の〝ファッションセンス〟はよく似ており、すでにカップルであってもおかしくないムードがあるものです！

また、二人が惹き合うとき、そこには、両者にとっての魂の課題、魂の成長、そのとき必要な何かしらのテーマを持っており、それをクリアするために、共に人生の時間の、ある期間を一緒にいることになるのです。

ちなみに、神様は、どちらか一方だけが利益を得たり、得したり、学ばなくてはならないような、一方的な出逢いをつくりません。両者がともに、共有するテーマと課題で、魂の成長を遂げられるよう、出逢いを生み出しているものです。

そのテーマや課題や役割や成長を二人でクリアしていくことで、次の段階へと昇っていくわけですが、そのまま恋人から結婚して夫婦になるのか、結婚せずに別れてしまうのか、結婚してずっと一緒にいるのか、結婚してから別れるのか、途中で新たな別のパートナーに切り替わるのかは、いろんなパターンがあります。

そして、もし、二人で果たすべきテーマや課題や役割や成長をせずに、お互いの未熟さから別れたとしたら、また、別の相手と出逢い、その続きをすることになります。

が、二人の間で果たすべきテーマや課題や役割や成長が終わったり、どちらか片方だけが成長し、もう片方は一緒に成長しないという場合は、魂レベルの次元がズレるので、それは当然のこととして、正当な別れを経験することになります。

もちろん、成長したほうは、人生がワンランクアップすることになるので、より素晴らしいパートナーと、より幸せになるものです！

ちなみに、離婚は、もはや、この人生でその相手と学ぶ必要がなくなったために起こるもので、離婚後、ひとりで成長し続けるか、別の相手と別の次元で、別のテーマにとりかかって、別の成長をすることになるのか、これまたパターンは分かれます。

しかしどうあろうと、すべては必然です！　より良い人生のためにあります！

パートナーからの愛は、こうして与えられる☆愛の循環法則

愛されたいなら、唯一、すべきことがある☆
それは、いったい何!?

人は、出逢いのないときは、「出逢いたい!」と必死で望み、出逢ったら、出逢ったで、今度は、「もっと、こうしてほしい!」「ああしてほしい!」と、相手にうるさく何かを要求しようとするものです。

なかでも、最も強くあるのは、「もっと愛されたい!」というものではないでしょうか?

では、いったい、パートナーからの愛を、ずっと与えられるためには、いったい、どうしたらいいのでしょうか?

ズバリ、まずは、要求をやめることです! 責めるのをやめることです! 口うるさく何かを言い過ぎるのをやめることです! お口を閉じて、目とハートをひらき、

優しいまなざしで、ほほえむ人でいることです！

人は、「こうしてほしい」「ああしてほしい」と一方的に何かを言われれば、言われるほど、その通りにしたくはないと思うものです。要求をしてくる人を可愛いと思うのは難しいものです。窮屈にさせられるからです。辛いわけです。

人は、誰でも、自分から愛を差し出すのはいやではありませんが、要求されて、それを与えるのは、好きではありません。

それよりも、「あなたがいれば、他に何もいらない♪」「私の良いものを、ぜんぶあげたい♪」「もっと優しくしてあげたい」「癒してあげたい」「幸せにしてあげたい」とするほうが、よほど愛されるというものです。

というのも、それこそが、その与えの性質こそが、愛に他ならないからです！

そして、与えたものが戻ってきて、また、もっと与えることができ、愛は循環するのです！

愛の循環は、自らが先に、惜しみなく愛を差し出すことでスタートするのです！

そして、**覚えておきたいことは、「もっと愛されたい！」というのなら、自分が先に、その倍、相手を愛することが大切だということです。**

相手からの愛を、もらおう、奪おう、もっとよこせ！　というのは、愛され難くなる一番いいやり方でしょう。それは、愛とはまるっきり正反対の性質を持つ態度です。

いつでも、愛は、理解と思いやりであり、それは、自然にその人の中からあふれるものです。相手を困らせたくない、心配させたくない、というものがあるのが、愛です。

であるにもかかわらず、もし、相手に「どうして、最近、愛してくれないの？」「なぜ、前みたいにもっと愛してくれないの？」と、責めたいという気持ちや、心配して、困らせたい、という思惑《おもわく》とともに、何かを言うのだとしたら、あなたは相手を愛しているのではなく、あなたの要求に対して応えてくれる相手のみを、愛しているということかもしれません。それをひと言で言うと「エゴ」です。

そのとき、たいがい、あなたは、心の中で相手にこう言っているものです。
「あなたが私にもっと愛情をよこし、私を思うようによろこばせるなら、私もあなたに優しくできるし、愛してあげてもいいけどね」と。

本当に愛していれば、愛する人がそこにいてくれるだけで幸せであり、何もいらないという気持ちにすらなり、心は満たされるばかりです。

さて、神様は、愛のかたまりです。神様から私たちは何かを要求されたことも、文句を言われたことも、責められたことも、一度もないはずです。
神様は、ただ、あたたかく、優しく、すべてを包み込み、与えっぱなしの、愛しっぱなしの存在です！　それゆえ、人間は、潜在意識的に、昔から、神様が好きで、生きてこられたのです。

いつでも、愛によって、人は育《はぐく》まれ、生きることができるのです！

恋人同士や、夫婦もまた、その、お互いの与え合う愛で、生きることができるのです。

ちなみに、子どもは、親からの無償の愛がないと生きていけません。子どもは、親の愛を食べて育つものであり、もし、親からの無償の愛がなくなれば、すぐに生きられなくなる存在です。

愛は、相手を生かし、その愛を差し出す自分をも生かす、素晴らしいものです！

もっとパートナーからの愛を受け取りたいと思ったときには、いつでも、神様が私たちにしてくださっていることを思い出し、愛の力を大きく育みたいものです。愛する人のために、自らが先に！

富貴繁栄☆お金に恵まれる生き方

神様が教えてくれる豊かさの原理は、とても優しくシンプルなもの

あなたの中の神様の正体とは、生命力であり、創造力＝クリエイティブ・パワーです。その力があなたの中で大きく発揮されるとき、それは、あなたの望むどんなものをも、現実生活に出現させるもので、お金も、当然のごとく、大きく受け取ることができます！

その生命力であり、創造力というクリエイティブ・パワーは、あなたのよろこび、うれしさ、感謝によって、大きくなります！

それゆえ、あなたがお金を得る場面や、仕事をする場面において、そういう状態でいることが大切です。

また、生命力は、あなたのすべてが円滑にいくよう、無条件に良い働きをし、必要なものを必要な器官に運び込み、すべてを供給し、あなたをより良く生かす働きをする、偉大なるエネルギーです！

それは、とりもなおさず、「与え」を特徴としており、それゆえ、あなたがイキイキとしたこの命の中、「与え」の精神で、誰かやどこかに自分の持つ善きものを、よろこんで与えるとき、それがお金に換金され、あなたのもとに戻ってくるのです！

与えるというとき、それはなにも、金品を誰かに与えることではありません。あなたの笑顔、親切、手伝い、協力、時間、労力、才能、特技、自分のやれる仕事、パワー、アイデア、商品、なんでもいいわけです。

あなたがそういったものを「他者のために役立てよう！」と、惜しみなく与えるとき、あなたはそれにみあった報酬や価値あるものを、当然のごとく、受け取ることになるのです。

そのとき、与えた相手や与えた場所からお金がやってこないということもあります。が、あなたがした与えは、巡りめぐって、別のところから、エネルギーを拡大させた形で戻ってくるので、手元にきたときには、多額のお金になっていることが多いものです！

さて、人は、お金がほしいというとき、「持っている人から、より多く奪いたい」「損せず、自分だけは得したい」「もっと儲けるにはどうすればいいのか!?」と考えがちです。

しかし、「奪いたい」「得したい」「儲けたい」というのは、豊かとは言えない精神エネルギーであり、本来の、あなたの中の神の力である生命力の豊かな働きとは、ほど遠いものです。それゆえ、そういう精神で何かをしようとしても、誰も何も与えてくれないものです。奪おうとするほど、奪われるものです。

人は、気前よく、大きく、よろこばしく、善きものを与えようとする人に、豊かさを感じ、その豊かな波動に魅了されます。一緒に仕事をしたい、この人に自分も何か善きものを与えたい！　と思い、そこで、豊かさの循環が生まれるのです！

また、富貴繁栄し、お金に恵まれた人生を叶えたいというのなら、自分の中にある何かしらの個性、アイデア、才能、特技、自分のできることを出し惜しみしないで、仕事をすることです。

自分の中に、宝物があっても、それを思いきり外に出さなければ、誰もその宝物の価値がわからず、あなたに大きなチャンスや仕事や報酬を与えたくても、与えることができないものです。

自分の中にある豊かさをも他者に、社会に、惜しみなく大きく提供できる人が、儲けようと思わなくても、自然に大きなお金に恵まれる人になるのです！

病気は、こうして治る!

元気な姿に戻るのはかんたん♪
しておきたい、たったひとつのこと

本書を読んでいる人の中には、いま、何かしらの病に苦しんでいる人もいるかもしれませんね。そして、「なぜ、自分はこんな病気になってしまったんだろう」「どうすれば治るのだろう」と、毎日、思い悩んでいるかもしれません。

また、そんな中、「病気は天罰なのかもしれない。私が良い子にしていなかったのが悪いんだ」「神様は私のことを怒っている」などと、まちがった解釈をしてしまう人もいることでしょう。

そんな人に、わかっておいてほしいことは、あなたが病気になったのは、神様が罰をあてたのでも、怒っているのでもないということです。あなたが何か悪いことをしたからでも、良い子にしていなかったからでもありません。

あなたが病気になったのは、「よろこび」が失われたからです！

この人生を生きるうえでのよろこびを、あなたはいつしか失ってしまったのです。そして、気が病み、落ち込み、エネルギーダウンし、生命力が弱まり、一番弱かったゾーンが責任を取ることになってしまったのです。

そもそも、「よろこび」が失われたのにも原因があるものです。

たとえば、「働きづめに働いても家族にねぎらわれることも、会社に認められることもなく、ただ馬車馬のごとく体を酷使するだけの生活にいやけがさした」「愛するパートナーを失った」「義務と責任のみで大金をつくらなくてはならなくなり、気が狂うほど働いた」「自分らしさを失った」「自由な時間が一切なくなった」「辛いことやいやなことが立て続けにあった」「絶望的な出来事にみまわれた」など。あるいは、そういったものが、同時に重なってやってきたからかもしれません。

病気というのは、気を病むということであり、気が病むのは、「よろこび」を失うからなのです！

それゆえ、**病気になった人にしてほしい、たったひとつのことは、ズバリ、「よろこびをもって生きる」ということです！**

ささやかでもいいから、なにか好きなこと、うれしいこと、楽しいことをする時間を自発的につくるようにするのです。自分を好きになり、認め、甘えさせることを許し、気をゆるめてやり、安らいで過ごせるようにしてあげるのです。

心が癒されるものにふれたり、わくわく弾むようなものにかかわったり、可愛いグッズをそばにおいたり、楽しい予定をつくったりして、日常を過ごすのです。

そして、**決して、自分に、辛いことをさせない、いやなことを強《し》いない、不本意なことに向かわせない、がまんをさせないようにし、そういうスタンスを「よし！」とすることです！**

そうやって、あなたの気持ちを救い、体を救い、エネルギーを救い、魂を救うのです！　日々を、優しく、おだやかに、快適に、「よろこび」を持って生きられるようになったとき、病気は自然に治っているもの！

覚えておきたいことは、自分がこしらえた病気なら、自分で治すことができるということです！（著書『自分の病気は自分で治す！』ビジネス社をご一読ください）

そして、あなたの中の神様は、あなたが病んでいるとき、こうささやいているものです。

「自分を辛いほうへと追いやる理由はなんですか？　もっと、楽に、よろこばしい、ハッピーな毎日を望んでも、何も罰はあたらないよ」と。

あなたはすでに救われている！

〝救いが来ない！〟などと嘆いているから、
すでにある救いが見えない

ときに、人は、自分としては素直に「幸せだ」とはいえないような人生のなかに置かれているように、思うこともあるものです。

心や体が健康ではなかったり、仕事やお金に困っていたり、何かにトライしても良い結果を得られなかったり……。

特に、苦しい病気や艱難辛苦《かんなんしんく》やどん底にあるとき、人は、「なんで、神様は、こんな辛いことを私に与えるのか！」と、神様をうらんだり、「神様などそもそもいないんだ！」と思ったりもするものです。

しかし、だからといって、全面的に、誰がみても〝大いに幸せ〟という状態にないからといって、不運だとか、神様がいないとか、そんなふうにとらないようにしてほしいのです。

というのも、**あなたからみたら、いまは、満足とも、幸せともとれない状態であったとしても、それでも神様の守護があるからこそ、〝その程度で済んでいる〟のかもしれないからです！**

もし、守護がなければ、いまよりもっと辛い状態であったかもしれないし、もっと悲惨な結末を見たかもしれないし、命があったかどうかもわからないものです。

人は、なにかよくない状態になったとき、すぐに「神様は守ってくれていない」と言いたがるものですが、それがそもそもの不幸の始まりとなるのです。

神様は、つねにあなたを守っており、大切な気づきを与えており、より良い状態に導いてくれており、そのおかげで、すでに救われているからです！

救いがない！　守護がない！　神様などいない！　などと、言いだすから、そこにある愛と慈悲に満ちた神様のサポートが見えなくなってしまうのです。
しかし、よくよくみてください。たとえば、いま、耳が悪かったとしても、よく見える目があり、何でもおいしく食べられる口があり、どこにでも行ける足があります。それに対して、感謝することで、神がいかに、いまより悪くさせないよう、自分を守ってくれているのかが、よくわかることでしょう。

「私は、すでに救われている！」という考え方を持つと、神様とのつながりと絆が再び強まり、それを機に、神様のエネルギーがいよいよたっぷり自分の内に流れ入り、体を、心を、魂を元気にしてくれるものです！

そうして、あなたの中の生命力が高まり、そのエネルギーが不調を癒し、不具合を治しはじめるものです！　そのとき、あなたは元の快活さと、パワーを取り戻し、再び、力強く生きられるようになります！

いつでも、忘れてはならないのは、どんな状況の中でも、神様はいつもあなたを守っており、あなたはすでに救われているということです！

それゆえ、「いつになったら私は救われるのか」などと言って、〝救われていない前提〟でものを言ったり、ネガティブな解釈《かいしゃく》をしないでください。そんなふうにしていると、救われない状態が長引くだけだからです。

本来、神様は、故意に、あなたに辛いことを与えるということはありません。そのとき、そのとき、必要なことが起こっているだけです。魂の成長に必要なことが！

それゆえ、「ああ、そうか。神様は、私のこんな辛い姿など、望んでいないし、私の幸せしか望んでいないのね。ならば、もっと神様のほうを向き、明るくなり、安心し、幸せに戻ろう♪」と、そんなふうに受け止めてほしいのです。

一切、なにも、無理しないこと！

なんでもそうだが、無理強いすると、
何かが狂う、運命がズレる！

神様のエネルギーが、素晴らしい導きが、あなたの中をスイスイスムーズに快適にめぐり、より良い方向、望む幸せへとあなたをすんなりいざなえるよう、あなたは、一切、なにも、無理をしないでください。

あなたは、自分が無理なくやれることを通して、すんなり物事を成り立たせることができます。あなたは、一切、なにも無理せず、自分がふつうのテンションで楽々とできることを通して、なんでもうまくやれる人でいられるのです。

あなたに無理がなければないほど、あなたのやることなすことは、サラサラと流れるように進み、楽に成功することができます！

もし、あなたがなにかを無理にやったり、無理強いしたり、故意に人や物事をいじくりまわしたりすると、そこには必ず、抵抗と摩擦が生じ、あなたを止めることになるでしょう。

それは、障害のエネルギーとなり、あなたのやろうとしていることに問題やトラブルを発生させることになります。

そのとき、そこで、あなたの中の神様は「そんなふうにやる必要はない」と、注意しているものです。

そして、あなたが無理したり、なにかを無理強いしたり、故意に操作したりすると、神様は、その不用意な状態を取り除くために時間とエネルギーを費やさなくてはならなくなり、かえって、二度手間なのです。

本来、神様は、最初から、あなたが充分楽に使えるある種の力や才能や特技や、それを活用できる方法やチャンスをあなたに与えているもので、それをあなたが自覚して、素直に使うだけでいいのです。

あなたが楽にできるものにかかわるとき、まさかあなたはそれがあなたの宝物や財産になるとは夢にも思っていません。

たとえば、文章を書くことが、楽にふつうにできてしまう人は、それがあまりにも自分にとってはかんたんなことすぎて、すごいことだとは自覚できないものです。そこに自分の才能があったとは、運命的な人生と大幸運があるとは、まさかそれが自分をベストセラー作家にし、世に影響を与えることになる宝物であるとは、夢にも思わないものです。

それゆえ、無理して、高度な習いごとをしたり、もっと自分が高まるべきだと、より難しいことをしたがるものです。わざわざ自分が楽にやれないことを探して、訓練して、習得しようとするのです。

しかし、そんなことをすると、遠まわりな人生になってしまうだけです。

あなたさえ、自分が楽にやれることの中に、運命が宿っているとわかっていれば、楽にやれることを通して、楽に成功でき、そのほうが神様も楽にあなたを幸せに導けるのです！

さて、無理しているとき、あなたはすぐにわかるはずです。というのも、自分が無理をしていると、疲れるし、楽しくないからです。それこそが、別に、それをわざわざしなくていいという、神様からのサインなのです！

感謝するほど、幸運になれる秘密

その高次元エネルギーは、日常的に天を動かし、奇跡をみせる！

神様は、つねに、あなたの声を聞いています。あなたの心のうずきを感じ取っています。しかし、あなたの中に、ああだこうだというううるさい雑念や迷いや汚れた感情や穢《けが》れたものがあると、すべてが不鮮明になり、神様に届きにくくなります。

それゆえ、あなたの中は、つねに静かに、クリーンに、清浄にしておく必要があります。それは、何かを神様によく聞いてもらうためだけではありません。

本来、あなたは、神様の住む「神殿」だからです！

それゆえ、あなたの内部は、きれいに、快適に、おだやかに、整えられている必要があるのです！

そんな、**あなたという神殿のエネルギーを、一瞬で、清浄化し、すべてを最善の形で整え、幸せに落ち着かせるものがあります！　ズバリ、それは、「感謝」です！**

感謝することを通して、あなたは、一瞬で、すべての穢れを祓《はら》いのけ、芯から清められ、崇高なエネルギーを発する人になります！

感謝を日常的に行う人は、神様によろこばれる人となり、神様とのつながりと絆を強め、いつ、どこにいて、何をしていても、愛と光と幸せに満たされるようになります！

さて、感謝というと、何か良いことがあったときにするものだと考えている人もいることでしょう。が、何もないときこそ、本当は、感謝です！

何もなく無事に今日一日を過ごさせていただくことができるということこそ、神様が守ってくださっている証拠だからです！

また、よくないときや、辛いときこそ、むしろ、感謝したいものです。
「この程度ですませていただき、ありがとうございます」「お守りいただだいているおかげで、厳しい中でも、なんとかなっております。ありがとうございます」と。
そのとき、あなたの波動は上がり、その感謝のエネルギーによって、神の大いなるサポートが、さらに与えられることになり、すべてのことが報われます！

人が、飲み食いに困らず、あたたかいお布団で気持ちよく眠れ、なんだかんだ言いながらも今日もしょーもないことを言っては、ひととき笑っていた！　と、いうならば、それはある意味、奇跡です。

日常を〝ふつうに暮らせる〟というのは、神様や仏さまやご先祖さまからのあたたかいご加護の中にいられてこそ！　であり、ある意味、それは、まったく〝ふつうのこと〟ではない、とても尊く、ありがたい、特別なことだからです！

それがわかる人は、誰に何を言われなくても、すべてに「ありがたみ」を感じ、「おかげさま」という精神になり、感謝せずにはいられなくなります。
また、そのとき、とても謙虚でいられ、それが人と調和した良い関係を叶えるものとなり、やることなすことすべてがうまくいくようになるのです！

ちなみに、感謝の話をすると、すぐにしかめっ面をし、「また、感謝の押し売りかよ」と言う人は、感謝していないものです。
日頃から感謝の心のある人は、感謝の話を人から何度聞かされても、何度そういう本を読んでも、「そうだよなぁ～、感謝って大事だよなぁ」「今日も感謝だなぁ♪」と、素直にそう思うだけです。

感謝するとき、あなたの中にある汚れた感情や穢れたものが一瞬で消えるだけでなく、それまであなた自身の中やあなたのまわりにあった、不調和なものや、不運に感じていたものがスーッと消え、解決し、すべてが平和におさまり、隠れていた〝幸運〟が、スッと顔を出すようになります♪

また、感謝に満ちた人は、高次元のエネルギーと光り輝くオーラを放っており、自分自身とまわりのすべてに良い影響を与えるものです！

ちなみに、家族の中に、感謝の精神が豊かな人が一人でもいるだけで、家族みんながその高い波動に守護されるようになり、幸せな恩恵に恵まれる家庭になります！

感謝を実践し、その大切さを他者にも伝えられる人は、人さまに良い導きをしたことになり、ますます感謝に値するような、良い出来事に恵まれます！

そして、**覚えておきたいことは、自分に何か良いものが与えられたなら、それがどんなにささいなものでも、小さなものでも、大きくよろこび、感謝して受け取らせていただくことが大切だということです。**

大きな良いものには感謝するけど、小さなものには、「これっぽっちか」「なんだ、この程度か」と文句を言う人には、次からは何も与えられなくなるものです。

いま与えられているものに感謝できない人が、どうして、他の何かを与えられて、感謝できましょう。

また、良いことがあるから感謝するのではなく、感謝するから良いことがあるというのが、感謝がくれる「恩恵の法則」の真実です！

そして、感謝こそが、あなたと生命と神様と天をつなぐ、最高最良のものであり、感謝を受け取るたびに、天もあなたの中の生命も神様も、ますますよろこんであなたを守り、幸せにし続けることでしょう！

感謝をこめた「あとがき」

あなたはいつも、守られている！

自分の中に神様がいる限り、
怖いものなど、何もない！

思えばこれまでの人生、幸せなことや、うまくいくことばかりでなく、いろんな艱《かん》難辛苦《なんしんく》にもあってきたものです。

そして、辛さや、悲しさや、痛みや、苦しみにみまわれ、なす術《すべ》がなくなったときもあり、そんなときには、いつも、心の中でこうつぶやいたものでした。

「神様が守ってくれるに違いない！」
「神様がいる限り、こんなことではへこたれない」
「神様がいるのだから、きっと、良くなるはずだ」
「神様がついている限り、絶対に大丈夫!!」と。

それは、自分で自分の厳しい状況を、辛い運命を、どうすることもできないというときや、もがいているしかないときに、よく口にした言葉です。

が、そう心の中でつぶやくと、不思議と、本当に、何かが起こり、とたんに流れが変わり、助けてくれる人が現れ、すっかり救われるということが多々ありました。

そして、そういうときは、決まって、こうつぶやき、感謝したものです！

「やっぱり神様はいる！」

「やはり、神様は私を守ってくれていた！」

「神様、本当にありがとう‼」

「神様のおかげで、助かりました！」と。

神様が、自分の心や生活の中に、実際になんらかのムードや形を持って、姿を現してくれているのを感じるとき、それはもう、架空のものではなく、正真正銘の絶対的存在となり、私の心を大きく救い、生きやすくしてくれたものです。

そのとき、神様が誰なのか、正体はなんなのか、それは本当にいるのかいないのかなどという、愚かなことは考えられなくなったものです。

そして、それは、確かなもの！

不思議だけれど、目には見えない背後の大きな力によって、私たちはいつも見守られているのであり、守護されているのであり、それを自覚することで、この人生を、何があっても、たくましく生きていけるのだということです。


神様……いま、私がここにいられるのは、神様のおかげです！


さて、今回、この本を書く中で、つながっていてくださっていた私の中の神様、霊界通信を送ってくれた守護霊さん、指導霊さん、ハイアーセルフさんに、感謝いたします。

また、この本の編集をしてくださった担当の船井かおりさん、この本を世に出すチャンスをくださったビジネス社の唐津隆社長、ありがとうございます。

そして、なによりも、この本を手に取ってくださった、愛する読者のみなさん、本当にありがとうございます！

このご縁の中、ともにここにいられますこと、本当にうれしく思います。そして、心より、感謝いたします。ありがとうございます。

すべては、神様のおぼしめし！　あなたと私をつないでくれた神様の愛のおかげ！

２０２１年　６月

ミラクルハッピー　佳川　奈未

《佳川奈未　最新著作一覧》

★『宇宙は「現象」を通してあなたに語る』　ビジネス社
★『あなたの願いがいきなり叶う☆「ヴォイドの法則」』　ビジネス社
★『自分の病気は自分で治す！』　ビジネス社
★『人生が整う「ひとり時間」の過ごし方☆』　ビジネス社
★『「お金」は、スピードに乗ってやってくる！』　ビジネス社
★『「いいこと」ばかりが起こりだす　スピリチュアル・ゾーン』　青春出版社
★『約束された運命が動きだす　スピリチュアル・ミッション』　青春出版社
★『大自然に習う古くて新しい生き方　人生の教訓』　青春出版社
★『ほとんど翌日　願いが叶う！　シフトの法則』　青春出版社
★『ほとんど毎日　運がよくなる！　勝負メシ』　青春出版社
★『すべてを手に入れる最強の惹き寄せ「パワーハウス」の法則』青春出版社
★『宇宙から「答え」をもらう☆シンボリック占い』（書物占い）　青春出版社
★『あなたの意のまま願いが叶う☆クォンタム・フィールド』　青春出版社
★『幸運予告』（初めての語りおろし特別CD付／約40分収録）　マガジンハウス
★『富裕の法則』竹田和平＆佳川奈未　共著　マガジンハウス
★『成功チャンネル』　マガジンハウス
★『幸運Ｇｉｆｔ☆』☆エイベックス歌手デビューCD付き♪　マガジンハウス
★『自分で運命調整する方法☆』佳川奈未本人登場！ DVD（52分収録）講談社
★『運のいい人がやっている「気持ちの整理術」』　講談社
★『どんなときもうまくいく人の“言葉の力”☆』　講談社
★『怒るのをやめると奇跡が起こる♪』　講談社
★『働かない働き方』　トランスワールドジャパン
★『マーフィー　奇跡を引き寄せる魔法の言葉』　日本文芸社
ジョセフ・マーフィー著／佳川奈未　監訳

※文庫、ムック、電子書籍、POD書籍、その他の情報は、
★佳川奈未公式サイト『奇跡が起こるホームページ』をご覧ください。
http://miracle-happy.com/

★佳川奈未プロデュース☆公式通販サイト「ミラクルハッピー百貨店」では
佳川奈未直筆☆メッセージ入りサイン本が買える♪
http://miraclehappy-store24.com/

佳川 奈未（よしかわ　なみ）プロフィール

作家・作詞家。神戸生まれ、東京在住。株式会社クリエイティブエージェンシー 会長。

心と体と魂に優しい生き方を叶える！「ホリスティックライフビジョンカレッジ」主宰。


生き方・願望実現・夢・お金・恋愛・成功・幸運をテーマにした著書は約160冊。作品数は約350点（2021年6月現在）。海外でも多数翻訳出版されている。

アンドリュー・カーネギーやナポレオン・ヒルの「成功哲学」「人間影響心理学」、ジョセフ・マーフィー博士の「潜在意識理論」に惹かれ、30年に渡り研鑽。

「学歴やコネやお金や人脈がなくとも誰もが成功できる！」というアンドリュー・カーネギーの成功哲学を自ら本気で実践し、すべての夢を叶えた。その集大成として、ニューヨーク・カーネギー・ホールでの公演をも実現。

その学びと実践から独自の成果法を確立させ、「夢を叶える自己実現」「成功感性の磨き方」「潜在意識による願望成就法」を通して、人々の理想のライフワーク実現に取り組んでいる。

執筆活動に限らず、音声配信、講演、セミナー、ディナーショー、音楽ライブなどでも活躍。

作家でありながら、ディナーショーで歌い続けていた経緯から、エイベックスより「幸運Gift☆」で作詞と歌を担当し、作詞家・歌手デビューも果たした。

精神世界にも精通。ホリスティックレイキ・マスターティーチャー。チャネラー。UEティーチャー。NY式心理メソッド・リフレミングセラピスト。ヒプノティック行動修正セラピストとして、活動。

スピリチュアルなテーマを実生活に役立てたい人たちに向けて、「ホリスティックライフビジョンカレッジ」において、DIPLOMA取得可能な各種講座や、個人セッション、チャネリングによる電話鑑定を開催している。

慈善活動にも関心を寄せ、ニューヨーク・国連本部・UNICEF代表とも会談。印税の一部を寄付。これをきっかけに、「愛とは、継続すること！」の精神のもと、国内外を問わず継続的に寄付活動を行っている。

近著に『「お金」は、スピードに乗ってやってくる！』『あなたの願いがいきなり叶う☆「ヴォイドの法則」』『宇宙は「現象」を通してあなたに語る』『自分の病気は自分で治す！』（以上、ビジネス社）、『人生の教訓』『あなたの意のまま願いが叶う☆クォンタム・フィールド』（以上、青春出版社）などがある。

★佳川奈未公式オフィシャルサイト
『ミラクルハッピーなみちゃんの奇跡が起こるホームページ』
http://miracle-happy.com/

★佳川奈未オリジナルブランドグッズ通販サイト
『ミラクルハッピー百貨店』HP
http://miraclehappy-store24.com/

★佳川奈未の個人セッション・各種講座が受けられる！
心と体と魂に優しい生き方を叶える
『ホリスティックライフビジョンカレッジ』HP
http://holistic-life-vision24.com/

★佳川奈未　公式オフィシャルブログ（アメブロ）
https://ameblo.jp/miracle-happy-ny24/

「神様」はこうしてあなたを導いている！

2021年7月15日　第1刷発行

著　者　佳川奈未
発行者　唐津　隆
発行所　株式会社ビジネス社
〒162-0805　東京都新宿区矢来町114番地
神楽坂高橋ビル5F
電話　03-5227-1602　FAX 03-5227-1603
URL　http://www.business-sha.co.jp/

〈カバーデザイン〉中村　聡
〈本文DTP〉茂呂田剛（エムアンドケイ）
〈印刷・製本〉モリモト印刷株式会社
〈編集担当〉船井かおり〈営業担当〉山口健志

ISBN978-4-8284-2301-2

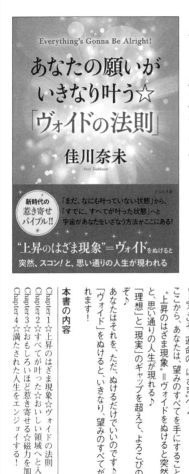

ビジネス社の本

あなたに奇跡を起こすヒーリングバイブル☆
自分の病気は自分で治す！

佳川奈未……著

定価　1540円（本体1400円＋税10％）
ISBN978-4-8284-2109-4

あなたの体は、いつも正しい☆
何ひとつまちがえない！

心と体と魂は、ちゃんと治し方を知っていた!!
――最強のドクターはあなたの中にいる。
〝よろこび〟の中で生きるとき、完全治癒が起こるのです！

＊―＊―＊―＊―＊―＊―＊―＊―＊

病気は、不運でも罰でもありません。
あなたを守る〝神様の愛〟です！
「辛い生き方を、もうやめてほしい」と
伝えてくれているのです。

＊―＊―＊―＊―＊―＊―＊―＊―＊

本書の内容

Chapter 1☆生き方の修正☆からだを癒す必須条件
Chapter 2☆ここから復活する☆完全治癒の法則
Chapter 3☆奇跡のもと☆植物の魔法パワー
Chapter 4☆よろこびの中で生きる☆自然治癒力の魔法